KB253175

동양고전 교양서적

고문진보 해설집

이상기 편저

도서출판 선영사

머리말

《고문진보(古文眞寶)》는 양(梁)나라의 소명태자(昭明太子)가 편찬한 문선(文選), 송(宋)나라의 사첩산(謝疊山)이 편찬한 문장궤범(文章軌範)과 아울러 중국뿐만이 아니라 우리 나라와 일본에서도 문장의 모범으로 가장 많이 읽혀져 온 책이다. 또한 《고문진보》는 곧 중국 고대의 유명한 시(詩)와 문장(文章)만을 엄선하여 편찬한 책으로 중국 고전을 이해하는데 매우 귀중한 자료가 된다.

즉, 한(漢)나라에서 송나라에 이르기까지의 유명한 시와 초(楚)나라에서 송나라에 이르기까지의 대표적인 명문(名文)만을 정선하여 수록한 책이다.

그러나 현대인이 《고문진보》에 실린 글을 모두 다 배우기에는 너무나 많은 시간이 걸리고 분량도 또한 방대하므로 여기에서는 유명하고 또 가장 널리 알려진 글과 시만을 선정하여 편찬하였다.

한자는 우리의 국어인 한글이 만들어질 수 있는 터전을 마련해 놓았다는 어느 유명한 학자의 주장처럼 우리의 국어를 좀 더 정확하고 아름다우며 간결 명료하게 쓰는 수단으로써도 매우 필요한 문자라고 나는 생각한다. 한자를 익힘으로써 얻을 수 있는 여러 가지 장점을 고려하여 이를 잘 계승 발전시켜서 곧바로 세계화로 연결 지을 수 있도록 노력하는 것이 바람직하다고 본다. 그러므로 '온고이지신(溫故而知新)'이라는 글귀를 다시 한 번 새겨 볼 필요가 있다.

끝으로 이 책이 출간되기까지 물심양면 도와주신 도서출판 선영사의 김영길 사장님과 직원 여러분들에게 감사를 드린다.

1997년

편저자 李相麒

고문진보 해설집

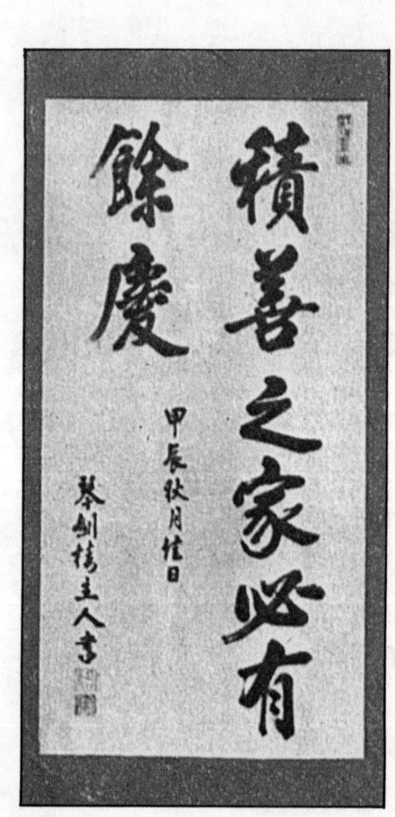

積善之家必有餘慶
甲辰秋月惟日
琴劍樓主人書

一 | 辭類(사류)

사(辭)는 문체의 이름이다. 초(楚)나라의 굴원(屈原)이 〈이소 (離騷)〉, 〈구장(九章)〉 등의 노래를 지었던 것에서 비롯되었다.

1 歸去來辭(귀거래사)

陶淵明(도연명)

귀 거 래 혜　　　전 원　　　장 무　　　호 불 귀
歸去來兮여, 田園이 將蕪어늘 胡不歸리오.

기 자 이 심 위 형 역　　　해 추 창 이 독 비
旣自以心爲形役하니 奚惆悵而獨悲오.

오 이 왕 지 불 간　　　지 래 자 지 가 추
悟已往之不諫하고 知來者之可追라.

실 미 도 기 미 원　　　각 금 시 이 작 비
實迷塗其未遠하니 覺今是而昨非로다.

주 요 요 이 경 양　　　풍 표 표 이 취 의
舟搖搖以輕颺하고 風飄飄而吹衣라.

문 정 부 이 전 로　　　한 신 광 지 희 미
問征夫以前路하니 恨晨光之熹微로다.

【註釋】

蕪	거칠	무
悟	깨달을	오
諫	간할	간
搖	흔들릴	요
晨	새벽	신

- **歸去來兮**(귀거래혜) : 자, 돌아가자.
- **來**(래) : 조자(助字).
- **兮**(혜) : 영탄(詠嘆)의 조사.
- **蕪**(무) : 잡초가 무성하여 황폐함.
- **胡**(호) : 어찌.
- **形役**(형역) : 육체에 사역되는 것.
- **奚**(해) : 어찌(의문사).
- **惆悵**(추창) : 슬퍼하고 근심함.
- **已往之不諫**(이왕지불간) : 지나간 일은 충고할 수 없다는 뜻.
- **塗**(도) : 도(途)와 같음.
- **今是而昨非**(금시이작비) : 지금은 옳지만 어제까지는 틀렸었다.
- **飄飄**(표표) : 가볍게 나부끼는 모양.
- **征夫**(정부) : 길가는 사람. 나그네.
- **晨光**(신광) : 새벽빛.
- **熹微**(희미) : 희미하다.

【對譯】

자, 돌아가자. 전원이 장차 황폐해지려 하는데 어찌 돌아가지 않으리오. 지금까지는 나 스스로 존귀한 마음을 비천한 육체의 종으로 삼았었다. 그렇지만 이제 무엇 때문에 이 일로 근심하고 홀로 슬퍼할 것인가. 나의 과거는 부질없는 것이었지만 지난 일은 충고하여 잘못을 바로잡을 수 없음을 알았고, 다만 앞으로 펼쳐질 장래에 대해서는 그때그때 시정할 수 있음을 알았다.

실로 나는 길을 잘못 들어 많이 헤매었으나 그래도 아직은 정도(正道)에서 벗어나지 않았다. 그러므로 현재의 내 태도가 옳고 어제까지의 일은 모두 틀렸음을 분명히 깨달았다.

배는 흔들흔들 바람에 가볍게 흔들리고, 바람은 펄럭펄럭 옷자락을 날린다. 나그네에게 전로(前路)를 물었고, 새벽은 아직 컴컴하여 주위가 환하지 못한 것만이 유감이다.

내 첨 형 우　　　　재 혼 재 분　　　　동 복　　환 영
乃瞻衡宇하고 載欣載奔하니, 僮僕은 歡迎하고,

치 자　　후 문　　　삼 경　　취 황　　　송 국
稚子는 候門이라. 三徑은 就荒이나 松菊은

유 존　　휴 유 입 실　　　유 주 영 준
猶存이라. 携幼入室하니 有酒盈樽일세,

인 호 상 이 자 작　　　면 정 가 이 이 안
引壺觴以自酌하고 眄庭柯以怡顔이라.

의 남 창 이 기 오　　　심 용 슬 지 이 안
倚南窓以寄傲하니 審容膝之易安이라.

園日涉以成趣하고 門雖設而常關이라.

策扶老以流憩라가 時矯首而遐觀하니,

雲無心以出岫하고 鳥倦飛而知還이라.

景翳翳以將入하니 撫孤松而盤桓이로다.

【註釋】

• **衡宇**(형우) : 문과 처마.

• **載**(재) : 기뻐하여 달려가는 것.

• **三徑**(삼경) : 마당의 세 갈래 오솔길.

• **眄庭柯**(면정가) : 마당의 나뭇가지를 바라보는 것.

• **寄傲**(기오) : 거리낌 없이 자유스러운 모습.

• **容膝之易安**(용슬지이안) : 무릎을 겨우 들여놓을 만큼 좁은 장소에서도 편안하게 있는 것.

• **日涉**(일섭) : 날마다 산책하는 것.

• **流憩**(유게) : 아무 곳에서나 자유롭게 쉬는 것.

• **岫**(수) : 산에 있는 구덩이.

• **景**(경) : 햇빛.

• **翳翳**(예예) : 어둑어둑한 모양.

• **盤桓**(반환) : 서성거리는 것.

【對譯】

　이윽고 허술한 대문과 처마를 바라보고 문득 기뻐하며 뛰어가니, 심부름하는 사내아이가 반갑게 맞이하고 어린것들은 문에서 기다린다. 삼경(三徑)은 거칠어지기 시작하지만 소나무와 국화는 아직도 그대로 있네. 어린것들을 이끌고 방으로 들어가니 술이 항아리에 가득할새, 술병과 잔을 끌어다 혼자서 잔질하고, 정원의 나뭇가지를 돌아보며 기쁜 얼굴일레라.

　남녘 창에 기대어 버젓이 앉았으니 무릎이나 들여놓을 만한 곳인데도 쉽고 편안한 줄을 알겠다.

　날마다 정원을 거닐면서 멋을 즐기고, 문이야 만들어 놓았지만 항상 잠겨 있다. 지팡이에 늙음을 의지하여 자유롭게 쉬다가 때로 머리를 들어 멀리 바라보니, 구름은 무심히 산 웅덩이를 벗어나고 새는 날기에 지쳐 돌아올 줄을 아는구나. 해는 어둑어둑 차츰 지려 하는데 외로운 소나무를 어루만지며 서성거린다.

귀 거 래 혜　　　청 식 교 이 절 유
歸去來兮여, 請息交以絶游라.

세 여 아 이 상 위　　　부 가 언 혜 언 구
世與我而相違하니 復駕言兮焉求리오.

열 친 척 지 정 화　　　낙 금 서 이 소 우
悅親戚之情話하고 樂琴書以消憂라.

농 인　　고 여 이 춘 급　　　장 유 사 우 서 주
農人이 告余以春及하니 將有事于西疇로다.

或命巾車하고 或棹孤舟하야,
혹 명 건 거   혹 도 고 주

旣窈窕以尋壑이요 亦崎嶇而經丘하니,
기 요 조 이 심 학   역 기 구 이 경 구

木欣欣以向榮하고 泉涓涓而始流라.
목 흔 흔 이 향 영   천 연 연 이 시 류

羨萬物之得時하고 感吾生之行休로다.
선 만 물 지 득 시   감 오 생 지 행 휴

【註釋】

· 遑(위) : 망(忘)과 같다.
· 西疇(서주) : 서쪽에 있는 밭.
· 窈窕(요조) : 산수의 깊고 깊은 속.
· 尋壑(심학) : 골짜기의 시냇물을 찾는 일.
· 行休(행휴) : 시간이 흐를수록 죽음에 가까워진다는 말.

【對譯】

　돌아가리라! 그리고 돌아간 이상에는 바라건대 모든 세속적인 교제는 끊어버리고 싶다. 세상과 나는 서로 잊어버리도록 하자. 이제 다시 수레를 타고 무엇을 구하러 갈 것인가. 지금은 모든 소망을 다 버리고 다만 친척들과 진실한 말을 나누면서 즐거워하고, 거문고와 책을 즐기면서 온갖 시름을 잊는다. 농부는 나에게 이미 봄이 왔음을 알려준다. 나도 이제부터는 서쪽에 있는 논밭의 일이 바빠질 것이다. 어떤 때는 수건을 씌운 수레를 타고 육로를 달리고, 어떤 때는 한 척의 배를 저어 물에서 놀기도 하였다. 혹은 구불구불 깊은 골짜기의 시냇물을 찾기도 하고, 울퉁불퉁한 언덕길을 돌아 고개를 넘어서 산수의 아름다움을 즐기기도 하였다. 나무들은 즐거운 듯이 가지와 잎이 무성하고 꽃은 활짝 피려 하며, 샘물은 솟아올라 얼음 녹은 물이 흘러내린다. 이 왕성한 봄의 숨결을 느끼면서 만물이 양춘가절에 행복해 보이는 모습을 보고 기뻐하는데, 나는 그에 비하여 생명이 점점 줄어드는 것 같아 어쩐지 서글픈 생각이 들었다.

이의호　　　우형우내　부기시
已矣乎라. 寓刑宇内 復幾時와인데,

갈불위심임거류　　　호위호황황욕하지
曷不委心任去留하고 胡爲乎遑遑欲何之오.

부귀　　비오원　　　제향　　불가기
富貴는 非吾願이요 帝鄉은 不可期라.

회량신이고왕　　　혹식장이운자
懷良辰以孤往하고 或植杖而耘耔라.

등동고이서소　　　임청류이부시
登東皋以舒嘯하고 臨清流而賦詩라.

요승화이귀진　　　낙부천명부해의
聊乘化以歸盡하니 樂夫天命復奚疑아.

【註釋】

寓	머무를	우
幾	기미	기
遑	급할	황
皐	언덕	고
臨	임할	림
聊	즐길	료

- **委心任去留**(위심임거류) : 자기 마음대로 떠나는 것도 머무는 것도 자연에 맡기는 것.
- **遑遑**(황황) : 바쁜 모양.
- **良辰**(양신) : 좋은 시절.
- **耘耔**(운자) : 김매고 흙을 북돋워 주는 것.
- **舒嘯**(서소) : 소리를 길게 빼면서 노래하는 것.
- **賦詩**(부시) : 시를 짓고 노래 부르는 것.
- **歸盡**(귀진) : 죽음으로 돌아감.

【對譯】

모든 것은 끝이 있다. 하물며 이 몸이 세상에 머무를 날이 앞으로 몇 해나 되기에, 내 남은 인생을 어찌 마음대로 자연의 죽고 삶에 맡기지 않겠는가? 무엇 때문에 서둘러 이제 다시 무엇을 찾으러 어디를 가고자 하겠는가? 부귀는 내가 원하는 것이 아니요, 그렇다고 임금 계신 서울이야 바라지도 않는 일!

　따뜻한 봄이 오면 혼자서 등산을 거닐기도 하고, 어느 때는 지팡이를 밭에 꽂고 김매고 흙을 북돋워 주기도 한다. 또 어느 때는 동녘 언덕에 올라 조용히 시를 읊어도 보고, 맑은 시냇가를 따라 시를 지으며 세월 보내리라. 조화(造化)의 수레를 타고서 이 생명 다하는 그대로 돌아가니 주어진 천명을 마음껏 즐길 뿐, 여기에 다시 무엇을 의심하고 주저하랴.

【배경】

　도연명(陶淵明)의 귀거래(歸去來)는 곧 '벼슬살이를 그만두고 고향으로 돌아가리라.'는 말이다. 인생을 자연의 추이에 맡긴 채 살아가는 자연 복귀의 인생관이 기반에 짙게 깔려 있다. 전원 속에 안식처를 구하는 것은 도피가 아니라, 도가(道家) 본연의 길로 복귀이다. 도연명은 정원으로 돌아가 농부들과 함께 밭을 갈고 산수(山水)와 더불어 노닐며 자연을 노래한 철학적 시인이다.

② 漁父辭(어부사)

屈^굴原^원이 旣^기放^방에, 遊^유於^어江^강潭^담하고 行^행吟^음澤^택畔^반할새,

顔^안色^색이 憔^초悴^췌하고, 形^형容^용이 枯^고槁^고러니,

漁^어父^부見^견而^이問^문之^지曰^왈, 子^자非^비三^삼閭^려大^대夫^부與^여아

何^하故^고至^지於^어斯^사오. 屈^굴原^원이 曰^왈, 擧^거世^세皆^개濁^탁이어늘

我^아獨^독淸^청하고, 衆^중人^인이 皆^개醉^취어늘 我^아獨^독醒^성이라,

是^시以^이見^견放^방이로다.

• **醒**(성) : 도리에 분별하는 것.

【對譯】

굴원이 죄없이 쫓겨나 상강의 물에서 할 일 없이 놀 때, 연못가를 오가며 슬픈 노래를 읊조리네. 얼굴빛은 시름으로 핼쑥해지고 몸마저 마르고 힘 없이 늘어졌네. 한 어부 이 모양을 보고 말을 건넨다.

"당신은 초나라의 삼려대부 아니신가? 귀하신 몸으로 이런 곳엔 무슨 일로 오게 되었소?"

굴원이, "온통 이욕에 흐려져 있는데 나 혼자만이 맑고 깨끗하였기에, 사람들 모두가 이욕에 취해 제정신이 아닌데 나 혼자만이 맑게 깨어 있었기에 이렇게 쫓겨나게 되었다오."

어부왈 성인 불응체어물
漁父曰, 聖人은 不凝滯於物하고

이능여세추이　　　　세인　개탁
而能與世推移하나니, 世人이 皆濁이어든

하불굴기니이양기파　　중인　개취
何不淈其泥而揚其波하며, 衆人이 皆醉어든

하불포기조이철기리　　　하고
何不餔其糟而歠其醨하고, 何故로

심사고거 자령방위
深思高擧 自令放爲오.

【註釋】

凝	엉길	응
滯	막힐	체
推	옮길	추
淈	흐릴	굴
醉	취할	취
歠	마실	철
醨	삼삼한 술	리

· 凝滯(응체) : 굳어 버려 융통성이 없음.
· 淈其泥揚其波(굴기니양기파) : 같은 진흙에 더러워지고 함께 세파를 부추겨 세상 사람들에 동조함.
· 餔其糟歠其醨(포기조철기리) : 취해 있는 세인과 같은 술의 찌꺼기를 먹고 그 모두를 마시는 것. 세인처럼 취하지는 않아도 그 술의 찌꺼기나 모주를 마셔서 소극적으로 동조함.

【對譯】

어부가 이 말을 듣고 일러준다.

"성인은 맑거나 흐리거나 걸릴 것이 없이 맑으면 맑은 대로 흐리면 흐린 대로 시세 따라 자유로이 활동하리니 세상 사람 모두가 다 흐려 있다면 결백한 지조를 안으로 감춘 채 나 또한

그런 양 진흙 칠하고 물결 치는 대로 어이 함께 출렁이지 못하
는가! 사람마다 이욕에 마음 취해 있다면 나 혼자 초롱초롱한
모습을 드러내어 무엇하리! 안 취해도 취한 양 술 찌꺼기 씹고
밑술 들이마시며 어이 모가 없이 둥글둥글 넘어가지 못하고서
그리도 깊이 생각하고 고결한 걸 내세워 그 몸을 이 지경에 이
르게 했단 말인가!”

屈原이 曰, 吾는 聞之하니, 新沐者는
必彈冠이요, 新浴者는 必振衣라.

安能以身之察察로 受物之汶汶者乎아.

寧赴湘流하야 葬於江魚之腹中이언정,

安能以皓皓之白으로 而蒙世俗之塵埃乎아.

漁父莞爾而笑하고, 鼓枻而去하야 乃歌曰,

滄浪之水 清兮어든, 可以濯吾纓이요,

滄浪之水 濁兮어든, 可以濯吾足이로다.

【註釋】

沐 머리 감을　　목

汝 더럽힐　　　문

赴 나아갈　　　부

埃 티끌　　　　애

莞 빙그레 웃을　완

纓 갓끈　　　　영

· **新沐**(신목) : 금방 머리를 씻었을 때.
· **察察**(찰찰) : 맑고 밝은 것.
· **汶汶**(문문) : 더러워진 모양.
· **鼓枻**(고예) : 뱃전을 두드려 장단을 맞추는 것.
· **滄浪之水**(창랑지수) : 창랑은 한수(漢水) 하류 지역의 이름.

【對譯】

　굴원이 말하기를,

　"나는 일찍이 이런 말을 들었소. 새로 머리를 감은 이는 갓의 먼지를 털어서 쓰고, 새로 몸을 씻은 이는 옷을 털어서 입는다고. 이토록 결백한 몸에다가 그 더럽고 욕된 것을 어이 받아들일 수 있단 말이오! 차라리 상수(湘水)에 이 한 몸 던져서 물고기 창자 속에 장사를 지낼망정 이다지도 희고흰 결백한 몸에다가 세속의 티끌 먼지를 어떻게 뒤집어쓸 수 있단 말이오!"

라고 하였다.

어부는 빙그레 웃음 짓고, 돛대를 두드려서 장단 맞춰 노래하며 떠나갔다.

"창랑의 물 맑은 좋은 세상이라면 이 내 갓끈을 씻고 벼슬하러 나아가리. 창랑의 물 흐린 어지러운 세상이라면 발이나 씻고 물러가 숨어 살으리."

그렇게 가더니 다시는 주고받는 말이 없더라.

【배경】

어부(漁父)란 그 당시의 은사(隱士)를 뜻한다. 이 글은 굴원이 상강의 물가에서 어부를 가장한 한 은사와 문답한 것을 초나라 사람들이 굴원의 결백한 지조를 애모하여 엮어 전한 글이라고 한다. 일설에는 굴원이 자문자답한 사(辭)라고도 한다. 이 글은 단문(短文)이기는 하지만 굴원의 성격이 분명하게 묘사되어 있다. 그는 벽라수에 빠져 죽을 것을 예언하는 듯한 표현을 하였는데, 그처럼 청렴결백했기 때문에 당연히 세상에 용납되지 않았고, 그 자신도 망국(亡國)의 참상을 차마 보지 못하여 자살할 수밖에 없었던 것이다.

3 秋風辭(추풍사)

漢武帝(한무제)

上이 行幸河東하여 祠后土하고,

顧視帝京欣然하여 中流에 與群臣飲燕할새,

上이 歡甚하야 乃自作秋風하니 曰,

【註釋】

后 임금 후

歡 기뻐할 환

· 上(상) : 천자.
· 行幸(행행) : 임금의 거동.
· 后土(후토) : 토지의 신.
· 飲燕(음연) : 술잔치를 벌이는 것.

【對譯】

임금께서 하동(河東)에 납시어 토지신(土地神)에게 제사를 지낸 후에 장안(長安)을 돌아보며 기뻐하여 강물 중간쯤에서 군신들과 더불어 주연을 벌였다. 임금께서 매우 기뻐하며 추풍사를 지으니 이르기를,

秋風起兮여 白雲飛하니, 草木黃落兮여

鴈南歸로다. 蘭有秀兮여 菊有芳하니,

懷佳人兮여 不能忘이로다. 泛樓船兮여

濟汾河하니, 橫中流兮여 揚素波로다.

簫鼓鳴兮여 發棹歌하니, 歡樂極兮여

哀情多로다. 少壯幾時兮여, 奈老何오.

【註釋】

鴈	기러기	안
泛	뜰	범
簫	퉁소	소
棹	노	도

• 秀(수) : 꽃자루가 긴 꽃. 또는 보리 이삭.

• 樓船(누선) : 다락을 높이 얽어 놓은 배.

- **汾河**(분하) : 산서성태원(山西省太原) 근처의 강.
- **素波**(소파) : 새하얀 물결.
- **棹歌**(도가) : 뱃노래.
- **奈何**(나하) : 어찌하다.

【對譯】

　가을 바람이 부는가, 바람 따라 흰구름이 날리네. 초목이 누렇게 떨어지는가, 기러기 남쪽으로 돌아가네. 난초꽃 길게 솟아 있고 국화꽃 향기 그윽한데, 불현듯 생각나는 아름다운 사람이여! 잊을 수가 없네. 분하(汾河)에 다락배 띄워 반쯤이나 흘렀을까. 배를 가로질러 새하얀 물결이 날리네. 피리 불고 북 치는 속에 뱃노래 흥겨워라. 즐거움이 절정에 닿았는가, 슬픈 생각이 더 많아지네. 젊은 때가 그 얼마나 되랴! 늙는 것을 어찌할 것인가!

二 | 賦類(부류)

한대(漢代) 이후의 부(賦)는 운문(韻文)의 일종인데, 초사(楚辭)에 근원을 둔 사부(辭賦)라고 일컫는다. 사구(辭句)는 화려하여 서경(叙景)·서사(叙事)에 뛰어난 것이 있고, 이야기나 신화적 공상을 서술하여 낭만적·서정적인 감정이 풍부한 작품이 많다.

1 赤壁賦(적벽부)

蘇東坡(소동파)

壬戌之秋七月旣望에 蘇子, 與客으로

泛舟遊於赤壁之下하니 淸風은 徐來하고,

水波는 不興이라, 擧酒屬客하고

誦明月之詩하야, 歌窈窕之章이러라.

少焉에, 月出於東山之上하야

徘徊於斗牛之間하니, 白露는 橫江하고

水光은 接天이라. 縱一葦之所如하야

凌萬頃之茫然하니,

浩浩乎如憑虛御風而不知其所止하고,

飄飄乎如遺世獨立하야 羽化而登仙이라.

【註釋】

徘	거닐	배
徊	노닐	회
葦	갈대	위
凌	능가할	릉
憑	의지할	빙
飄	회오리바람	표

- 旣望(기망) : 음력 16일 밤.
- 屬客(촉객) : 손님에게 권하면서 주는 것.

- **窈窕之章**(요조지장) : 우아하고 아름다운 글.
- **斗牛**(두우) : 남두성(南斗星)과 견우성(牽牛星).
- **御風**(어풍) : 바람을 타는 것.
- **遺世獨立**(유세독립) : 속세의 일을 잊고, 어떤 것에도 구애받지 않으면서 절대 자유의 입장을 취하는 것.

【對譯】

임술년(壬戌年) 가을, 7월 기망(旣望)에 소자(蘇子)가 손님과 함께 적벽(赤壁) 아래에서 배를 띄우고 놀았다.

청풍이 천천히 불어오니 물결도 일어나지 않았다. 술을 들어 손님에게 주면서 명월시를 읊고 요조(窈窕)의 장(章)을 노래하였다. 얼마 지나니 달이 동쪽 산 위에서 나와 두우(斗牛) 사이에서 배회하였다. 백로(白露)는 강에 비치고 수광(水光)은 하늘에 접하였다. 일위(一葦)가 가는 대로 내버려두고 만경(萬頃)의 망연함을 넘어가는데 넓고 넓어 허공에 의거하고 바람을 타서 그 머무를 바를 모르는 것 같으며, 날아 올라가 세상을 잊고 독립하여 날개가 생겨 신선이 되어 하늘에 오르는 것 같았다.

어 시   음 주 락 심   구 현 이 가 지   가
於是에, 飮酒樂甚하야 扣舷而歌之하니, 歌에

왈 계 도 혜 란 장   격 공 명 혜 소 류 광
曰桂棹兮蘭漿으로 擊空明兮泝流光이로다.

묘 묘 혜 여 회   망 미 인 혜 천 일 방
渺渺兮余懷여, 望美人兮天一方이로다.

【註釋】

漿 미음　　　　장

泝 거슬러 올라갈　소

• **扣舷**(구현) : 뱃전을 두드리며 장단을 맞추는 것.
• **空明**(공명) : 물이 맑고 달빛이 투명한 것.
• **渺渺**(묘묘) : 아득히 멀리.

【對譯】

　여기에 있어 술을 마시고 즐거워함이 분에 넘쳤다. 뱃전을 두드리며 노래를 부르는데, 그 노래에 이르기를 '계수나무의 노와 목란(木蘭)의 상안대, 공명(空明)을 치고 유광(流光)을 거슬러 올라간다. 묘묘하게 나는 생각하고, 미인을 하늘 한쪽에 바라본다.'라고 하였다.

客有吹洞簫者하야 倚歌而和之하니, 其聲이 嗚嗚然하야, 如怨如慕하며 如泣如訴하고, 餘音이 嫋嫋하야 不絶如縷하니, 舞幽壑之潛蛟하고 泣孤舟之嫠婦라.

【註釋】

倚	의지할	의
嗚	탄식할	오
慕	사모할	모
嫋	간들거릴	뇨
蛟	교룡	교
嫠	과부	리

• **嗚嗚然**(오오연) : 피리 소리의 형용.
• **嫋嫋**(요요) : 가늘고 길게 들리는 소리.
• **縷**(누) : 실.
• **幽壑**(유학) : 깊은 골짜기.
• **潛蛟**(잠교) : 못에 숨어 있는 교룡(蛟龍).
• **孤舟之嫠婦**(고주지이부) : 한 척의 작은 배에 살고 있는 과부.

【對譯】

　손님 중에 퉁소를 부는 사람이 있어 노래에 따라 이에 화답하였다. 그 소리가 오오연(嗚嗚然)하여, 원망함 같고 사모함 같고 우는 것 같으며 하소연하는 것 같고, 여음이 요요(嫋嫋)하여 끊어지지 않음이 실과 같았다. 유학(幽壑)의 잠교(潛蛟)를 춤추게 하고, 고주(孤舟)의 과부를 울게 하였다.

蘇子, 愀然正襟하고 危坐而問客曰,

何爲其然也오. 客曰月明星稀하고 烏鵲이

南飛하니, 此非曹孟德之詩乎아.

西望夏口하고 東望武昌하니, 山川이 相繆하야

鬱乎蒼蒼이라, 此非孟德之困於周郎者乎아.

方其破荊州 下江陵하야, 順流而東也에

舳艫千里오 旌旗蔽空이라, 釃酒臨江하고

橫槊賦詩하니, 固一世之雄也러니,

而今에 安在哉오.

【註釋】

愀 근심할　　조

繆	얽을	무
鬱	우거질	울
蒼	푸를	창
蔽	가릴	폐
槊	창	삭

- **愀然**(초연) : 슬픈 안색.
- **危坐**(위좌) : 바로 앉는 것.
- **曹孟德之詩**(조맹덕지시) : 위(魏)나라의 무제(武帝)인 조조(曹操)가 지은 시. 조조의 자(字)가 맹덕(孟德)임.
- **夏口**(하구) : 서쪽의 지명.
- **相繆**(상무) : 서로 얽혀 하나가 됨.
- **鬱乎**(울호) : 초목이 무성한 모양.
- **舳艫千里**(축로천리) : 선두(船頭)와 선미(船尾)가 서로 접하여 천리에 이르는 것.
- **旌旗**(정기) : 작은 깃발.
- **釃酒**(시주) : 술을 거르는 것. 여기에서는 술을 마신다는 뜻.
- **橫槊賦詩**(횡삭부시) : 창을 눕혀 놓고 시를 짓는다.

【對譯】

소자가 초연(愀然)히 옷깃을 가다듬고 바로 앉아서 손님에게 물어 가로되, 어찌하여 그와 같으냐고 하였다. 손님이 대답하였다.

 "'달이 밝으니 별이 드물고, 까막까치는 남쪽으로 날아간다.'
고 한 것은 조맹덕(曹孟德)의 시가 아니냐? 서쪽으로 하구를 바
라보고 동쪽으로 무창을 바라본즉, 산천이 서로 얽혀 무성하고
창창하니 이는 맹덕이 주랑에게 곤욕을 당한 곳이 아니냐. 그
형주를 파하고 강릉에서 내려와 수류를 따라 동쪽으로 갈 때
축로 천리에 정기가 하늘을 덮었다. 술을 걸러 강에 임하여 창
을 비껴 놓고 시를 읊으니 진실로 일세의 영웅이다. 그런데 지
금은 어디에 있느냐.

況吾與子로, 漁樵於江渚之上하야
황 오 여 자　　어 초 어 강 저 지 상

侶魚鰕而友麋鹿이라. 駕一葉之扁舟하야
여 어 하 이 우 미 록　　가 일 엽 지 편 주

擧匏樽以相屬이라. 寄蜉蝣於天地에
거 포 준 이 상 촉　　기 부 유 어 천 지

渺滄海之一粟이니, 哀吾生之須臾하고
묘 창 해 지 일 속　　애 오 생 지 수 유

羨長江之無窮하야, 挾飛仙以遨遊하고
선 장 강 지 무 궁　　협 비 선 이 오 유

抱明月而長終이라, 知不可乎驟得일세
포 명 월 이 장 종　　지 불 가 호 취 득

託遺響於悲風하노라.
탁 유 향 어 비 풍

【註釋】

渚	물가	저
匏	박	포
蜉	하루살이	부
蝣	하루살이	유
羨	부러워할	선

- **漁樵**(어초) : 고기 잡고 나무 하는 일.
- **江渚**(강저) : 강가.
- **鰕**(하) : 새우.
- **麋**(미) : 고라니.
- **相屬**(상촉) : 주객이 서로 술을 권하는 일.
- **蜉蝣**(부유) : 하루살이. 인생의 덧없고 짧은 것에 비유한 말.
- **遨遊**(오유) : 밖에 나가 자유로이 노니는 것.
- **驟**(취) : 갑자기.
- **遺響**(유향) : 여운. 여기서는 퉁소 소리의 여운.

【對譯】

하물며 내 그대와 함께 강가에서 고기 잡고 나무 하며 물고기와 새우와 짝을 하고 고라니와 사슴을 벗함에랴! 한 조각의 작은 조각배를 타고 술 뒤웅박을 들어서 서로 권한다. 하루살이 목숨을 천지에 붙이니 아득히 푸른 바다에 할 알의 좁쌀이라.

　나의 목숨이 한순간임을 슬퍼하고 긴 강물의 무궁함을 부러워하며, 나는 신선을 끌어안고 멋대로 노닐다가 밝은 달을 안고서 길이 끝마치려 해도 갑자기 얻을 수 없음을 깨달았을 때의 여운을 슬픈 가을 바람에 부쳐 본다."

소　자　왈　　객　역　지　부　수　여　월　호
蘇子曰, 客亦知夫水與月乎아.

서　자　여　사　　　　이　미　상　왕　야
逝者 如斯로되 而未嘗往也며,

영　허　자　여　피　　　　이　졸　막　소　장　야
盈虛者 如彼로되 而卒莫消長也라.

개　장　자　기　변　자　이　관　지　　　즉　천　지
蓋將自其變者而觀之면, 則天地도

증　불　능　이　일　순　　　　자　기　불　변　자　이　관　지
曾不能以一瞬이요, 自其不變者而觀之면,

즉　물　여　아　개　무　진　야　　　이　우　하　선　호
則物與我 皆無盡也라, 而又何羨乎리오.

【註釋】

逝 갈　　　　　　　　　서

嘗 일찍이　　　　　　　상

盈 찰   영

蓋 덮을   개

瞬 눈 깜짝할   순

- **逝者如斯**(서자여사) : 자한편(子罕篇)에 나오는 말. '逝者如斯 夫 不舍晝夜(사자여사부 불사주야) : 흐르는 물은 이와 같이 밤낮 쉬지 않고 흐른다.'

- **盈虛**(영허) : 달이 찼다 이지러졌다 하는 것.

- **曾不能以一瞬**(증불능이일순) : 한순간이라도 결코 원상태대로 있을 수 없다는 뜻.

【對譯】

소자가 말하였다.

"손님 또한 저 물과 달을 아는가. 가는 자는 이와 같아도 아직까지 일찍 가버린 사람이 없으며, 영허(盈虛)하는 자는 저와 같아도 마침내 소장(消長)하는 일이 없도다. 대개 장차 그 변하는 자 스스로가 볼진대 곧 천지도 일찍이 한순간도 가만 있지 못하는 것을. 그 변하지 않는 자 스스로가 볼진대 곧 물(物)과 내가 모두 다함이 없다. 그런데 또 무엇을 부러워하랴.

차 부 천 지 지 간   물 각 유 주

且夫天地之間에 物各有主라,

구 비 오 지 소 유   수 일 호 이 막 취

苟非吾之所有인댄 雖一毫而莫取어니와

惟江上之淸風과 與山間之明月은,

耳得之而爲聲하고 目寓之而成色하야,

取之無禁이요 用之不竭이니,

是는 造物者之無盡藏也오

而吾與子之所共樂이니라. 客이 喜而笑하고

洗盞更酌하니, 肴核이 旣盡이요 盃盤이

狼藉라, 相與枕藉乎舟中하야

不知東方之旣白이러라.

【註釋】

竭	다할	갈
肴	안주	효
酌	따를	작

- **一毫**(일호) : 한 가닥의 가는 털. 극히 적음.
- **肴核**(효핵) : 어육과 과실.
- **狼藉**(낭자) : 흩어져 어지러운 모양. 이리가 풀을 마구 밟아 어지럽힌 데서 유래된 말.
- **枕藉**(침자) : 서로를 베개 삼아 자는 것.
- **白**(백) : 동이 훤히 트는 것.

【對譯】

저 천지 사이의 물(物)에는 각각 주인이 있으니 적어도 나의 소유가 아니면 일호(一毫)일지라도 취하지 말 것이다. 다만 강상(江上)의 청풍(淸風)과 산간(山間)의 명월만은 귀가 이를 얻어 소리를 삼고 눈이 이를 만나서 빛을 이룬다. 이것을 취해도 금하지 않고 이것은 써도 다하지 않으니, 이는 조물주의 무진장이라, 나와 그대가 같이 좋아하는 바라."

손님이 기뻐 웃으며 잔을 씻어 다시 마실 때 안주가 이미 다하고 배반(杯盤)이 낭자하였다. 함께 배 가운데서 침자(枕藉)하니 동쪽이 이미 훤해짐을 알지 못했다.

【배경】

이 글은 소동파(蘇東坡)가 47세 때 달 밝은 밤 적벽강에 배 띄워놓고 노닐면서 지은 글이다. 먼저 지은 것을 〈전적벽부〉, 뒤에 지은 것을 〈후적벽부〉라 한다. 두 편 다 천고의 명문으로 세상에 길이 애독되어 온 글이다.

② 後赤壁賦(후적벽부)

蘇子瞻(소자첨)

是^시歲^세十^시月^월之^지望^망에 步^보自^자雪^설堂^당하야

將^장歸^귀于^우臨^림皐^고할새, 二^이客^객이 從^종予^여라,

過^과黃^황泥^니之^지坂^판이라. 霜^상露^로 旣^기降^강하고, 木^목葉^엽이

盡^진脫^탈이라, 人^인影^영이 在^재地^지어늘, 仰^앙見^견明^명月^월이라

顧^고而^이樂^락之^지하야, 行^행歌^가相^상答^답이러니.

已^이而^이오, 歎^탄曰^왈有^유客^객이면 無^무酒^주오, 有^유酒^주면 無^무肴^효니,

月^월白^백風^풍淸^청이라 如^여此^차良^량夜^야에 何^하오. 客^객曰^왈,

今^금者^자薄^박暮^모에 擧^거網^망得^득魚^어하니, 巨^거口^구細^세鱗^린이

狀^상如^여松^송江^강之^지鱸^로라, 顧^고安^안所^소得^득酒^주乎^호오.

歸^귀而^이謀^모諸^저婦^부하니, 婦^부曰^왈我^아有^유斗^두酒^주하야

장 지 지 의　　　이 대 자 불 시 지 수
藏之之矣라, 以待子不時之需로라.

어 시　　휴 주 여 어　　　복 유 어 적 벽 지 하
於是에, 攜酒與魚하고 復遊於赤壁之下하니,

강 류　유 성　　　단 안　　천 척
江流 有聲이요 斷岸이 千尺이라,

산 고 월 소　　　수 락 석 출
山高月小하고 水落石出이로다.

증 일 월 지 기 하　　　이 강 산　불 가 부 식 의
曾日月之幾何오, 而江山을 不可復識矣라.

【註釋】

仰　우러를　　　　앙

顧　돌아볼　　　　고

- 是歲(시세) : 원풍(元豊) 5년(1082) 임술(壬戌).
- 雪堂(설당) : 동파가 적벽에 노닐던 원풍 5년 겨울, 설중에 집을 짓고 사방 벽에 눈을 그림으로써 지어진 것이라고 한다.
- 今者薄暮(금자박모) : 금자는 금일과 같고, 박모는 땅거미질 무렵, 곧 해가 진 뒤 어스름한 동안.
- 謀諸婦(모저부) : 저(諸)는 지(之)와 같이 쓰인다. 곧 '이것을 아내에게 상의하다.'라고 풀이한다.

• **不時之需**(불시지수) : 때아닌 수요. 불시에 대비하여 둔 것.
• **江山不可復識矣**(강산불가부식의) : 7월에 뱃놀이 갔을 그 당시의 강산과 석달 뒤인 지금 10월달에 보는 강산의 풍경이 너무도 많이 달라졌기 때문이다.

【對譯】

이 해 시월 보름에 설당(雪堂)에서부터 걸어서 장차 임고(臨皐)로 돌아가려 할새, 두 손님이 나를 따르는지라 함께 황니(黃泥)재를 지나가게 되었다. 서리와 이슬이 이미 내려 나뭇잎이 다 떨어져 버린지라 사람의 그림자가 땅에 있다. 우러러 밝은 달을 쳐다보고 둘러보며 이를 즐겼고 걸으면서 노래 불러 서로 화답하였다. 이윽고 탄식하며 말하였다.

"손님이 있으면 술이 없고 술이 있으면 안주가 없으니, 달은 밝고 바람은 맑은데 이같이 좋은 밤을 어찌할꼬!"

손님이 말하였다.

"오늘 땅거미가 질 무렵 망을 들어 물고기를 얻었는데, 큰 입에 조그마한 비늘 모양이 마치 송강(松江)의 농어 같네. 생각건대 어디서 술을 얻을 곳이 있을까?"

돌아가서 이것을 아내에게 상의하니 아내가 말하였다.

"내가 말술이나 주고서 이것을 간직해 온 지가 오래요. 그것으로 그대의 때아닌 수요를 기다렸던 것이라오."

이에 술과 고기 안주를 가지고 다시금 적벽 아래에서 노니, 강물 흐름에 소리가 있고 깎아 세운 듯한 언덕이 천 척이라, 산은 높고 달은 작고 물은 떨어져 돌이 드러난다. 그때부터 일월이 얼마나 되었기에 강산을 다시금 알아볼 수가 없구나!

予乃攝衣而上하야 履巉巖披蒙茸하고,

踞虎豹 登虬龍하야, 攀棲鶻之危巢하고

俯馮夷之幽宮하니, 蓋二客之不能從焉이라.

劃然長嘯하니 草木이 震動하고, 山鳴谷應이요

風起水涌이라, 予亦悄然而悲하고

肅然而恐하야, 凜乎其不可留也일세.

反而登舟하야 放乎中流하야,

聽其所止而休焉하니 時夜將半이라.

四顧寂寥러니, 適有孤鶴이 橫江東來하야,

翅如車輪하고 玄裳縞衣로, 戛然長鳴하야

掠予舟而西也러라. 須臾에 客去하고

予亦就睡러니, 夢에 一道士, 羽衣翩躚하야

過臨皋之下하야, 揖予而言曰赤壁之遊

樂乎아. 問其姓名하되 俛而不答하니,

嗚呼噫嘻라 我知之矣왜라. 疇昔之夜에,

飛鳴而 過我者 非子也耶아.

道士 顧笑이러라. 予亦驚悟하야

開戶視之하니, 不見其處라.

【註釋】

睡	잘	수
翩	펄럭일	편
躚	춤출	선
揖	읍할	읍

俛 머리 숙일　　면

疇 밭두둑　　　주

- **攝衣**(섭의) : 옷을 걷어잡음.
- **蒙茸**(몽용) : 풀이 어지러이 난 모양.
- **虬龍**(규룡) : 뿔 없는 용. 여기서는 용 모양을 한 구부정한 고
　　목을 뜻한다.
- **馮夷**(풍이) : 수신(水神)의 이름.
- **悄然**(초연) : 근심스러운 모양.
- **疇昔**(주석) : 지난번. 지난날.

【對譯】

　나는 이에 옷자락을 걷어잡고 올라 높고 위태로운 바위를 밟으며 어지러이 무성한 풀들을 헤치고서, 호랑이·표범 형상의 바위에 걸터앉았다. 또 뿔 없는 용 모양을 한 나무에 올라가기도 하고, 매가 사는 위태로운 둥우리에 기어올라 풍이(馮夷)의 깊숙한 수궁을 굽어보기도 했는데 두 손님은 거의 따르지 못하였다. 갑자기 찢어지는 듯 큰 소리를 내었더니 초목이 진동하고 산이 울고 골짜기가 화답하며 바람이 일고 물이 솟구쳐 오르는지라, 나 또한 근심스러운 듯 슬퍼지고 숙연히 두려워져서 오싹 얼어붙는 듯 거기에 머무를 수가 없었다.

　돌아와서 배에 올라 중류(中流)에 놓아서 그것이 그치는 곳에 맡겨서 쉬니, 때에 밤은 장차 깊은지라 사방을 둘러보아도 적적하고 고요하더니 마침 외로운 학이 있어 강을 가로질러 동쪽

에서 날아온다. 날개는 마치 수레바퀴와 같고 날개 끝과 꼬리 끝의 검은 치마와 온 몸에 비단결 같은 흰옷을 입고, 금석이 맞부딪치는 소리로 길게 울며 내 배를 살짝 스치고서 서쪽으로 날아간다. 잠시 뒤 손님은 가고 나 또한 잠이 들었는데 꿈에 한 도사가 새 깃을 펄럭이며 임고정 아래를 지나서 나에게 인사하며 말한다.

"적벽의 놀이가 즐거웠던가?"

그 성과 이름을 물었으나 구부리고 대답을 아니하더니, 오! 내 이를 알겠구나! 어젯밤에 울면서 나를 스쳐 날아간 이가 바로 그대 아닌가? 도사 돌아보며 웃는다. 나도 또한 놀라 깨어서 문을 열고 살펴보니, 그 간 곳을 보지 못하겠도다.

三 | 記類(기류)

  기(記)는 기사(記事)의 글인데 일반적으로 일의 유래를 기록
하여 뒤에 남기는 기념문에 사용되는 경우가 많다.

1 蘭亭記(난정기)

王羲之(왕희지)

永和九年歲在癸丑暮春之初에,
(영화구년세재계축모춘지초)

會於會稽山陰之蘭亭하니 修禊事也라.
(회어회계산음지란정) (수계사야)

群賢이 畢至하고 少長이 咸集하니, 此地에
(군현) (필지) (소장) (함집) (차지)

有崇山峻嶺과 茂林脩竹하고,
(유숭산준령) (무림수죽)

又有淸流激湍이 映帶左右라.
(우유청류격단) (영대좌우)

引以爲流觴曲水하야 列坐其次하니,
(인이위류상곡수) (열좌기차)

雖無絲竹管絃之盛이나 一觴一詠이

亦足以暢敍幽情이라. 是日也에

天朗氣淸하고, 惠風이 和暢하니,

仰觀宇宙之大하며 俯察品類之盛하야,

所以遊目騁懷 足以極視聽之娛하니,

信可樂也로다.

【註釋】

雖 비록　　　　수

觴 술잔　　　　상

騁 부를　　　　빙

懷 품을　　　　회

娛 즐거울　　　오

• 永和(영화) : 동진(東晉)의 다섯째 임금인 목제(穆帝)의 연호.

• **歲在癸丑**(세재계축) : 태세(太歲), 곧 그 해의 간지(干支)로 보면 계축(癸丑)해라는 말.

• **暮春之初**(모춘지초) : 음력 3월 초삼일, 곧 3월 삼짇날.

• **脩竹**(수죽) : 가늘고 긴 대.

• **映帶**(영대) : 서로 비추고 어울려 있는 것.

• **流觴曲水**(유상곡수) : 음력 3월 삼짇날 곡수에 잔을 띄워 보내고서 그 잔이 자기 앞에 되돌아오는 동안에 시를 읊고 술을 마시며 노는 놀이.

• **惠風**(혜풍) : 봄바람.

• **品類**(품류) : 금수와 초목을 비롯한 만물.

【對譯】

영화(永和) 9년, 태세(太歲)는 계축(癸丑)이요, 늦은 봄 초승에 회계산(會稽山) 북쪽 난정(蘭亭)에 모이니 계제사(禊祭事)를 행하였다. 여러 어진 이들이 다 참석하고 젊은이와 어른도 모두 함께 모였다. 이 땅에는 높은 산과 험준한 고개와 무성한 숲과 긴 대나무가 있으며, 또 맑게 흐르는 냇물과 소용돌이치는 급한 여울이 좌우에 서로 비쳐 어울렸다. 잔을 곡수(曲水)에 띄워 보내고 그것이 돌아오는 차례대로 줄지어 앉으니 비록 사죽(絲竹)의 관현악의 성대함은 없으나 한 번 술잔을 돌리고 한 수 읊는 것이 또한 그로써 그윽한 정을 나누기에 족하다. 이날 하늘은 명랑하고 대기는 맑으며 봄바람이 화창하니, 우러러 우주의 거대함을 보고 엎드려 만물의 성대함을 살폈다. 눈을 들어 생각을 원대하게 해 그로써 보고 듣는 즐거움을 극진히 하기에 넉넉하니 진실로 즐길 만한 것이었다.

夫人之相與俯仰一世_{부인지상여부앙일세}에, 或取諸懷抱_{혹취제회포}하야,

悟言一室之内_{오언일실지내}하고, 或因寄所託_{혹인기소탁}하야

放浪形骸之外_{방랑형해지외}하나니라. 雖趣舍萬殊_{수취사만수}하고,

靜躁不同_{정조부동}이나, 當其欣於所遇_{당기흔어소우}하야

暫得於己_{잠득어기}하야는, 快然自得_{쾌연자득}하야

曾不知老之將至_{증부지로지장지}라가. 及其所之旣倦_{급기소지기권}에

情隨事遷_{정수사천}하야, 感慨 係之矣_{감개 계지의}라.

向之所欣_{향지소흔}이 俛仰之間_{면앙지간}에, 以爲陳迹_{이위진적}하니

尤不能不以之興懷_{우불능불이지흥회}로다. 況修短_{황수단}이 隨化_{수화}하야

終期於盡_{종기어진}이니, 古人_{고인}이 云死生_{운사생}이 亦大矣_{역대의}라.

豈不痛哉_{기불통재}아.

【註釋】

抱 안을　　　포

- 俯仰一世(부앙일세) : 아래를 보고 위를 보면서 일생을 살아간
  다는 뜻.
- 取諸懷抱(취제회포) : 자기 마음속에 품고 있는 식견을 활
  용함.
- 悟言(오언) : 상대하여 다정하게 이야기한다는 뜻.
- 放浪形骸之外(방랑형해지외) : 현실적인 신상의 여러 가지 속
  박에서 벗어나 마음을 자유롭게 하는 것.
- 趣舍(취사) : 나아가고 머무르는 것.
- 靜躁不同(정조부동) : 조용한 태도와 들뜬 태도가 같지는 않다
  는 뜻.
- 不知老之將至(부지노지장지) : 늙음이 오는 것을 모른다는 뜻.
- 陳迹(진적) : 오랜 자취.
- 修短(수단) : 목숨이 길고 짧음.
- 死生亦大矣(사생역대의) : 삶과 죽음은 인생에 있어서 중대사
  라는 뜻.

【對譯】

　대저 사람이 서로 더불어 일세(一世)를 부앙(俯仰)할 때, 혹은
이를 회포(懷抱)에 취(取)하여 일실(一室) 안에서 서로 말하기도
하고 혹은 의탁할 곳에 인기(因寄)하여, 형해의 밖을 방랑하기
도 한다. 취사(趣舍)는 만 가지로 다르고 정조는 같지 않으나,

그 만나는 바를 기뻐하며 잠시 자기의 자득함에 당하여서는 쾌연하게 자족하여 일찍이 늙음이 앞으로 닥치는 것을 몰랐다.

그 가는 바에 이미 지치고, 정(情)도 일에 따라 변함에 미쳐서는 감개가 이에 얽매인다. 앞서 기뻐하던 바는 면앙(俛仰)의 사이에 진적(陳迹)되어 버린다. 이로써 더욱 생각을 일으키지 않을 수 없으니, 하물며 수단(修短) 변화에 따라서 마침내 다함의 기약이 있음에랴. 고인(古人)이 이르기를 생사 또한 대사라 하니 어찌 비통하지 않으랴.

매 람 석 인 흥 감 지 유　　약 합 일 계
每攬昔人興感之由에, **若合一契**하야

미 상 불 림 문 차 도　　불 능 유 지 어 회
未嘗不臨文嗟悼라. **不能諭之於懷**나

고 지 일 사 생 위 허 탄　　제 팽 상 위 망 작
固知一死生爲虛誕하고, **齊彭殤爲妄作**이라.

후 지 시 금　역 유 금 지 시 석　　비 부
後之視今이 **亦猶今之視昔**이리니, **悲夫**라.

고　열 서 시 인　　녹 기 소 술
故로 **列敍時人**하고 **錄其所述**하니,

수 세 수 사 이　소 이 흥 회　　기 치 일 야
雖世殊事異나 **所以興懷**는 **其致一也**라,

후 지 람 자　역 장 유 감 어 사 문
後之覽者 亦將有感於斯文이리라.

【註釋】

• **嗟悼**(차도) : 탄식하고 슬퍼하는 것.
• **一死生**(일사생) : 생사가 동일하다고 생각하는 것.
• **虛誕**(허탄) : 근거가 없는 엉터리 이야기.
• **齊彭殤**(제팽상) : 7백 세를 산 팽조(彭祖)와 일찍 죽은 어린애가 같다고 보는 것. 어려서 죽은 아이도 하루살이에 비하면 장수했다고 할 수 있으므로…….

【對譯】

옛 사람이 감흥한 사유를 볼 적마다 일계(一契)를 합한 것 같다. 일찍이 글에 임하여 차도(嗟悼)했으며, 이를 마음에 깨달을 수 없었다. 진실로 생사를 하나로 함은 허탄(虛誕)이 되고, 팽상(彭殤)을 같다고 함은 망작(妄作)이 됨을 알았다. 후대(後代) 사람이 지금을 보아도, 또한 지금이 옛날을 봄과 같으리라. 슬프도다. 그런 까닭에 시인(時人)을 열서(列敍)하여 그 서술한 바를 기록한다. 비록 세상이 다르고 일이 다르다 해도, 심회(心懷)를 일으키는 까닭은 그 흥치가 하나라. 후에 보는 자도 또한 장차 이 글에 감회가 있으리라.

2 獨樂園記(독락원기)

司馬溫公(사마온공)

우 수 평 일 독 서　　상 사 성 인
迂叟 平日讀書에, 上師聖人하고

하 우 군 현　　규 인 의 지 원
下友群賢하야, 窺仁義之原하며

탐 례 악 지 서　　자 미 시 유 형 지 전
探禮樂之緖하야, 自未始有形之前으로

기 사 달 무 궁 지 외　　사 물 지 리
曁四達無窮之外하야, 事物之理

거 집 목 전　　가 자　　학 지 미 지
擧集目前이라. 可者를 學之未至하니,

부 가 하 구 어 인　　하 대 어 외 재
夫可何求於人이며 何待於外哉아.

【註釋】

窺 엿볼　규

探 살필　탐

曁 미칠　기

窮 다할　궁

• 迂叟(우수) : 사마광(司馬光)의 호.

- **禮樂**(예악) : 예(禮)는 신분에 의해서 정해진 법도 또는 형식. 악(樂)은 음악. 사람과 사람 사이의 감정 융화를 위한 예술. 예와 악은 모두 각각 통치에 중요한 것임.
- **未始有形**(미시유형) : 아직 천지가 혼돈하여 사물의 형태가 미처 이루어지지 않았을 때.
- **曁**(기) : 미치는 것. 及(급)
- **四達無窮之外**(사달무궁지외) : 무한한 공간의 저편.

【對譯】

우수(迂叟)가 평일에 독서할 때 위로는 성인을 스승으로 하고 아래로는 군현(群賢)을 친구로 한다. 인의(仁義)의 근원을 구하고 예악의 실마리를 찾는다. 형태가 처음에 생기기 전부터 사달무궁(四達無窮)의 밖에 마치기까지 사물의 이(理)가 모두 눈앞에 모인다. 가(可)한 것은 이를 배우고, 아직 가(可)에 이르지 못한 것은 남에게 무엇을 구하며 무엇을 밖에 기다릴 것인가.

지권체피즉투간취어　　집임채약
志倦體疲則投竿取魚하며 **執袵采藥**하고,

결거관화　　조부부죽　　탁열관수
決渠灌花하며 **操斧剖竹**하고, **濯熱盥水**하며

임고종목　　소요상양　　유의소적
臨高縱目하야, **逍遙徜徉**하야 **惟意所適**하니,

명월　　시지　　청풍　　자래
明月이 **時至**하고 **淸風**이 **自來**라.

行無所牽하며 止無所扼하야, 耳目肺腸이
卷爲己有라, 踽踽焉 洋洋焉이라.
不知天壤之間에 復有何樂이
可以代此也로다. 因合而命之曰獨樂이라.

【註釋】

竿　낚시대　　간

牽　이끌　　견

踽　자갈　　우

• **執衽采藥**(집임채약) : 옷깃을 손으로 여미고 약초를 캔다는 뜻.
• **決渠**(결거) : 도장을 트다.
• **濯熱盥水**(탁열관수) : 열을 식히기 위하여 손에 물을 끼얹음.
• **逍遙徜徉**(소요상양) : 소요는 목적 없이 걷는 것이고 상양은 방황하는 것.
• **扼**(이) : 그치게 함.
• **卷爲己有**(권위기유) : 거둬들여서 자기 소유로 함.
• **踽踽**(우우) : 혼자 걷는 모양.

【對譯】

  마음이 권태롭고 몸이 피곤하면 곧 낚싯대를 던져 물고기를 잡고, 옷섶을 여미고 약초를 캐며, 도랑을 터서 꽃에 물을 대고, 도끼를 잡아 대나무를 쪼개며, 손발을 씻는다. 높은 곳에 올라 눈을 자유자재로 움직이며 이리저리 배회하여 오직 마음 가는 대로 하니, 명월이 때 이르고 청풍이 저 스스로 온다. 가도 끌리는 바가 없고 멈추어도 제지되는 바가 없어 귀와 눈, 폐와 창자를 거두어 자기 소유로 하는지라, 홀로 걸으니 마음이 양양하다. 하늘과 땅 사이에 다시 어떤 즐거움이 있어 그로써 이것을 대신할 수 있을는지 모르겠다. 이것을 합해서 이름하여 독락(獨樂)이라 한 것이다.

【배경】

  송(宋)나라의 명재상 사마온공(司馬溫公)의 글이다. 그는 벼슬자리에서 물러나 이 동산에서 우유자적(優遊自適)하였다. 진정한 즐거움이란 이러한 것이라는 데서 유래해 독락원이라 이름 붙였다. 이 글은 그 명명(命名)의 유래를 서술한 것이다.

四 序類(서류)

사물의 경위를 순서대로 서술한 글로, 서서(書序)·후서(後序)·수서(壽序) 등이 있다.

1 春夜宴桃李園序(춘야연도리원서)

李白(이백)

> 부 천 지 자　　만 물 지 역 려　　광 음 자
> 夫天地者는 萬物之逆旅요, 光陰者는
>
> 백 대 지 과 객　　이 부 생　　약 몽　　위 환
> 百代之過客이라, 而浮生이 若夢하니, 爲歡이
>
> 기 하　　고 인 병 촉 야 유　　양 유 이 야
> 幾何오. 古人秉燭夜遊 良有以也로다.

【註釋】

- 逆旅(역려) : 나그네를 맞이하는 곳. 여관.
- 光陰(광음) : 시간.
- 百代之過客(백대지과객) : 영원히 쉬지 않고 천지를 지나가는 나그네.

・**古人秉燭夜遊**(고인병촉야유) : 옛 사람은 등불을 손에 잡고 밤에도 놀았음.

・**良有以也**(양유이야) : 참으로 까닭이 있음.

【對譯】

　대저 천지라는 것은 만물의 나그네 집이요, 일월이란 백대의 지나가는 손님이라, 뜬 인생이 꿈과 같으니 환락함이 얼마이겠는가? 옛 사람이 촛불을 잡고 밤에 노는 것은 진실로 까닭이 있는 것이다.

況陽春이 召我以煙景하고,

大塊假我以文章이라, 會桃李之芳園하야

序天倫之樂事하니, 群季俊秀는

皆爲惠連이어늘, 吾人詠歌獨慚康樂가.

【註釋】

煙　연기　　　　연

塊　흙 덩어리　　괴

桃	복숭아	도
芳	꽃다울	방
俊	준걸	준
詠	읊을	영
慚	부끄러워할	참

· **陽春**(양춘) : 봄에는 양기(陽氣)가 왕성하므로 이렇게 표현함.

· **煙景**(연경) : 아지랑이가 피어오른 봄의 경치.

· **假我以文章**(가아이문장) : 인간에게 문장의 재주를 부여함.

· **序天倫之樂事**(서천륜지락사) : 형제가 모여서 즐거움을 차례로 펼치는 것.

· **群季**(군계) : 많은 연소자들.

· **惠連**(혜련) : 송(宋)의 사혜련(謝惠連). 열 살에 시를 잘 지었음.

· **康樂**(강락) : 사영운을 이름. 남조송(南朝宋)의 산수 시인. 강낙후(侯)에 봉해졌으므로 사강락(謝康樂)이라 함. 이백은 그의 시풍을 흠모하여 은근히 자기를 그에게 견주었음.

【對譯】

하물며 양춘(陽春)이 나를 연경(煙景)으로써 부르며, 천지는 나에게 문장으로써 빌려주는지라, 복숭아 오얏의 꽃동산에 모여서 천륜(天倫)의 즐거운 일을 펴니, 모든 젊은 수재들은 다 혜련(惠連)이 되는데 이 내가 읊은 노래만이 강락(康樂)을 부끄러워하는가!

> ^유幽^상賞이 ^미未^이已에, ^고高^담談이 ^전轉^청淸이라.
>
> ^개開^경瓊^연筵^이以^좌坐^화花하고 ^비飛^우羽^상觴^이而^취醉^월月이라.
>
> ^불不^유有^가佳^작作이면 ^하何^신伸^아雅^회懷리오.
>
> ^여如^시詩^불不^성成이면 ^벌罰^의依^금金^곡谷^주酒^수數하리라.

【註釋】

談 이야기　　　담

瓊 옥　　　　　경

筵 자리　　　　연

觴 잔　　　　　상

- **幽賞**(유상) : 조용히 바라보며 즐기는 것.
- **高談**(고담) : 고상한 이야기.
- **轉**(전) : 참으로.
- **瓊筵**(경연) : 옥으로 만든 방석, 훌륭한 잔치자리.
- **羽觴**(우상) : 새 모양의 술잔.
- **飛**(비) : 바쁘게 술잔을 주고받는 것.
- **雅懷**(아회) : 우아한 마음.

•**金谷酒數**(금곡주수) : 진(晋)의 석숭(石崇)이 금곡원(金谷園)에서 연회를 베풀었을 때, 시를 짓지 못하는 사람에게 벌로 술 석 잔을 먹게 했음. 그렇게 규정된 술잔의 수.

【對譯】

유상(幽賞)이 아직 끝나지 않았는데 고상한 이야기는 점점 맑게 들려온다. 옥 같은 자리를 열어서 꽃을 향해 앉고, 새 모양의 술잔을 날리며 달 앞에 취한다. 좋은 작품이 없으면 어찌 풍아(風雅)한 생각을 펴리오. 만일 시가 이루어지지 않는다면 벌(罰)은 금곡(金谷)의 술잔 수에 의하리라.

【배경】

이태백(李太白)은 당대(唐代) 제일의 시인으로서 시선(詩仙)이라 불리며, 두보(杜甫)와 아울러 이두(李杜) 또는 시종(詩宗)이라 일컫기도 한다.

2 送孟東野序(송맹동야서)

韓退之(한퇴지)

대 범 물 부 득 기 평 즉 명　　　　초 목 지 무 성
大凡物不得其平則鳴이라. 草木之無聲은

풍 뇨 지 명　　　　수 지 무 성　　　풍 탕 지 명
風撓之鳴하며, 水之無聲은 風蕩之鳴이라.

기 약 야　　혹 격 지　　　기 추 야
其躍也를 或激之하며, 其趨也를

혹 경 지　　　기 비 야　　혹 자 지
或梗之하며, 其沸也를 或炙之하며,

금 석 지 무 성　　　혹 격 지 명
金石之無聲은 或擊之鳴이라.

【註釋】

凡 무릇　　　　　범

・送孟東野序(송맹동야서) : 이 글은 맹동야가 강남 담양(潭陽)의
　　위(尉)라고 하는 낮은 관리가 되어 갈 때에 쓴 송별서(送別
　　序)이다.

・蕩(탕) : 동(動)과 같다.

・或(혹) : 유(有)와 같다.

・趨(추) : 급하게 달림.

・梗(경) : 색(塞)과 같다.

• 炙(자) : 고기 굽는다는 뜻이나 뜨거운 열기를 더하는 것을 의
   미한다.

【對譯】

무릇 세상 만물은 그 평정을 얻지 못하면 곧 우는 것이다.
초목의 소리 없음은 바람이 이것을 흔들어 주면 울며, 물의 소
리 없음은 바람이 이것을 움직여 주면 운다. 그것이 뛰는 것은
이를 격동함이 있음이요 그것이 끓어오르는 것은 이것을 뜨겁
게 하는 것이 있기 때문이다.

人_인之_지於_어言_언也_야에 亦_역然_연하야,

有_유不_불得_득已_이者_자而_이後_후에 言_언이오.

其_기謌_가也_야有_유思_사하며, 其_기哭_곡也_야 有_유懷_회라.

凡_범出_출乎_호口_구而_이爲_위聲_성者_자 其_기皆_개有_유弗_불平_평者_자乎_호인저.

【註釋】

思 생각　　　　사

懷 품을　　　　회

· **亦然**(역연) : 또한 그러하다.
· **有懷**(유회) : 회포가 있다.

【對繹】

　사람이 말하는 데 있어서도 또한 그러하니 마지못한 것이 있는 뒤에야 말하는 것이다. 그 노래함은 생각이 있음이며 그 소리 내어 우는 것은 회포가 있음이다.
　무릇 입에서 나와서 소리가 됨은 그 모두가 불평한 것이 있기 때문이다.

3

악 야 자　울 어 중 이 설 어 외 자 야
樂也者는 鬱於中而泄於外者也라.

택 기 선 명 자 이 가 지 명
擇其善鳴者而假之鳴하니

금 석 사 죽 포 토 혁 목　팔 자
金石絲竹匏土革木, 八者는

물 지 선 명 자 야　유 천 지 어 시 야
物之善鳴者也라. 維天之於時也에

역 연　택 기 선 명 자 이 가 지 명
亦然하야, 擇其善鳴者而假之鳴일세.

시 고　이 조 명 춘　이 뢰 명 하
是故로 以鳥鳴春하며 以雷鳴夏하며,

이 충 명 추　이 풍 명 동
以蟲鳴秋하며 以風鳴冬하나니,

사 시 지 상 추 탈　기 필 유 부 득 기 평 자 호
四時之相推奪이 其必有不得其平者乎인저.

【註釋】

泄 샐　　　설

擇 가릴　　택

絲	실	사
鳴	울	명
推	밀	추

· **金石絲竹匏土革木**(금석사죽포토혁목) : 모두 악기의 종류이다. 금은 꽹과리, 석은 옥이나 돌로 만든 악기, 사는 거문고·가야금 등의 현악기, 죽은 피리·젓대·생황 등 죽관(竹管)으로 만든 악기. 포는 바가지 모양을 한 것에 구멍을 내어 대를 끼워서 만든 생황의 한 가지. 토는 흙을 구워서 만든 질나팔. 혁은 가죽으로 만든 악기. 목은 나무로 긴 네모꼴 통을 만들고 그 빈통 속에 대나무 막대를 밑바닥에 걸어 세운 것으로 이 대나무를 문질러서 소리를 내는 것이다.

· **維**(유) : 비(比)와 같다.

【對譯】

음악이라는 것은 속에서 답답하여 밖으로 새어나온 것이다. 그 잘 우는 것을 가려서 이를 빌어 울리게 하니 금(金)과 석(石)과 사(絲)와 죽(竹)과 포(匏)와 토(土)와 혁(革)과 목(木), 이 여덟 가지는 물(物)에서도 잘 우는 것들이다. 이는 하늘이 시절에 있어서 또한 그러하다. 그 잘 우는 것을 가려서 이를 빌어서 울게 하는 것이다. 이러한 까닭에 새로써 봄을 울며, 우뢰로써 여름을 울며, 벌레로써 가을을 울며, 바람으로써 겨울을 우는 것이니 네 시절이 서로 밀고 빼앗는 것은 반드시 그 편함을 얻지 못함이 있어서일까?

기어인야 역연 인성지정자 위언
其於人也에 亦然이라. 人聲之精者 爲言이오.

문사지어언 우기정자야
文辭之於言에 又其精者也라.

우택기선명자이가지명
尤擇其善鳴者而假之鳴이라.

기재어당우 구도 우기선명자야
其在於唐虞엔 咎陶, 禹 其善鳴者也어늘

이가지이명 기 불능이문사
而假之以鳴하고 夔는 弗能以文辭로

명 우자가어소 이명
鳴일세. 禹自假於韶하야 以鳴하고,

하지시 오자 이기가 명
夏之時엔 五子 以其歌로 鳴하고,

이윤 명은 주공 명주
伊尹은 鳴殷하고 周公은 鳴周하니,

범재어시서육예 개명지선자야
凡載於詩書六藝 皆鳴之善者也오.

【註釋】

•唐虞(당우) : 당요(唐堯)와 우순(虞舜). 곧 요(堯)와 순(舜)의 시
대를 부르는 말이다.

- **咎陶**(구도) : 순임금의 신하.
- **五子**(오자) : 하왕 태강(夏王太康)의 다섯 아우.
- **詩書六藝**(시서육예) : 시경·서경 등 육경. 곧 시경·서경·역
  경·춘추·예기·악기를 말한다.

【對譯】

  그것은 사람에 있어서도 또한 그러하다. 사람 소리의 정수(精
粹)한 것을 말이라 하는 것이요, 문장의 사(辭)는 말에 있어서
또 그 정수한 것이다. 더욱 그 잘 우는 것을 가려서 이를 빌어
울게 한다. 그 당우(唐虞)에 있어서는 고도(皐陶), 우(禹)가 잘 우
는 사람이라 이를 빌어서 울었고 기(虁)는 문장의 사(辭)로써 울
수가 없으므로 또 스스로 소(韶)를 빌어서 울었고, 하(夏) 때에
는 다섯 아우가 그 노래로써 울었고, 이윤(伊尹)은 은(殷)나라에
서 울었고, 주공(周公)은 주(周)나라에서 울었으니 무릇 시서육
예(詩書六藝)에 실린 것은 다 울기를 잘한 것들이다.

五 傳類(전류)

　탁전(託傳)이란 자신을 다른 사람인 것처럼 거짓 내세워 자기의 이야기를 쓰는 것으로, 바로 〈오류 선생전〉 등이 여기에 속한다. 전(傳)은 문체의 하나로 개인의 사적을 적어 길이 전하는 것이다.

1 五柳先生傳(오류선생전)

先生은 不知何許人이오 亦不詳其姓字니,
선생　　부지하허인　　　　역불상기성자

宅邊에 有五柳樹하야 因以爲號焉이라.
택변　　유오류수　　　　인이위호언

閑靖少言하야 不慕樂利하고, 好讀書하되
한정소언　　　불모락리　　　　호독서

不求甚解오. 每有意會면 便欣然忘食이라.
불구심해　　매유의회　　　변흔연망식

性이 嗜酒하되 家貧하야 不能常得하니,
성　　기주　　　가빈　　　불능상득

친 구 지 기 여 차　　혹 치 주 이 초 지
親舊知其如此하고 或置酒而招之면,

조 음 첩 진　　기 재 필 취　　기 취 이 퇴
造飮輒盡하야 期在必醉오. 旣醉而退하야

증 불 린 정 거 류
曾不吝情去留라.

【註釋】

靖	편안할	정
輒	문득	첩
吝	인색할	린

• **何許人**(하허인) : 허(許)는 장소를 말한다. 어느 곳의 사람.

• **閑靖**(한정) : 마음이 고요하고 편안함.

• **不求甚解**(불구심해) : 억지로 그 뜻을 해석하려고 하지 않음.

• **不能常得**(불능상득) : 언제나 얻을 수 있는 것은 아니다. 가끔 얻지 못할 경우도 있다는 뜻.

• **造飮輒盡**(조음첩진) : 찾아와서 술을 마실 때에는 남기는 법이 없다. 즉, 다 마셔 버린다는 뜻.

• **期**(기) : 목적으로 하다.

• **不吝**(불린) : 인색하게 하지 않는다. 즉, 아끼지 않는다. 사양하지 않는다.

【對譯】

　선생은 어디 사람인지도 모르고 또한 그 성명과 자(字)도 자세하지 않으니, 집가에 다섯 그루의 버드나무가 있어 그로써 호(號)를 삼았다. 조용하고 안온하여 말이 적고 영리(榮利)를 추구하지 않으며, 독서를 좋아하되 심한 풀이를 구하지 아니하고, 마음에 맞는 일이 있을 때마다 문득 기뻐하여 밥 먹는 일을 잊어버린다. 술을 즐겨 마시는 성품이지만 집이 가난하여 항상 마실 수가 없으니, 친척이나 벗이 그의 처지를 알고 때로 술을 마련해서 그를 부르면 문득 마시기를 다하여 반드시 그 끝을 취하는 데 두었다. 이미 취해서 물러감에는 일찍이 정(情)이 가고 머무름에 인색하지 않는다.

環堵蕭然하야 不蔽風日하고, 短褐이 穿結하며

簞瓢屢空하되 晏如也러라. 常著文章自娛하야

頗示己志하고, 忘懷得失하야 以此自終하니라.

【註釋】

蔽　가릴　　　　폐

穿　뚫을　　　　천

晏	늦을	안
娛	즐거워할	오
頗	치우칠	파

• **環堵蕭然**(환도소연) : 사방이 일장(一丈)인 작은 방을 환도(環堵)라 하며, 쓸쓸하고 황량한 모양을 소연(蕭然)이라고 함.

• **短褐**(단갈) : 짧은 조모(粗毛)로 짠 옷.

• **穿結**(천결) : 꿰매는 것.

• **簞瓢屢空**(단표누공) : 단(簞)은 대로 엮은 것으로 밥을 담는 그릇, 표(瓢)는 표주박. 누공(屢空)은 그릇들이 자주 빈다는 것을 의미하므로 살림이 가난해서 식량이 떨어진다는 뜻.

• **晏如**(안여) : 편안하게 지냄.

• **忘懷得失**(망회득실) : 성공이나 실패 따위를 생각하거나 사모하는 것을 잊는다는 뜻.

• **自終**(자종) : 제멋대로 일생을 지냄.

【對譯】

둥그렇게 둘러 쌓인 담이 쓸쓸하여 바람과 해를 가리지 못하고 짧은 베 잠방이는 뚫어져 꿰매었으며, 도시락과 표주박이 자주 비었으되 태연하고 침착하더라. 항상 문장을 지어 스스로 즐겨 자못 지기의 뜻을 나타내고 생각에 얻음과 잃음을 잊어 이것으로써 스스로 마쳤다. 즉, 한평생 세간의 부귀와 빈천에 대한 생각을 잊은 채 끝내 그대로 즐거워하며 살다가 세상을 하직하였다.

贊曰黔婁有言하되, 不戚戚於貧賤하고

不汲汲於富貴라 하니, 極其言이면

玆若人之儔乎인저. 酣觴賦詩하야

以樂其志하니, 無懷氏之民歟아

葛天氏之民歟아.

【註釋】

黔 귀신 이름　금

儔 짝　주

歟 그런가　여

• 贊(찬) : 전기(傳記)의 뒤에 붙여 그 사람을 칭찬하는 논문.

• 黔婁有言(금루유언) : 유향(劉向)이 지은 《열녀전(列女傳)》의 한
　부분인 금루(黔婁)의 아내 이야기.

• 戚戚(척척) : 걱정하는 모양.

• 汲汲(급급) : 쉬지 않고 노력하는 것.

• 極其言(극기언) : 그 뜻을 철저하게 추구해 감.

- **茲若人之儔乎**(자약인지주호) : 이와 같은 부류의 사람일까.
- **酣**(감) : 술을 마시면서 즐거워함.
- **觴**(상) : 술잔.
- **樂其志**(낙기지) : 자기 마음을 즐겁게 함.
- **無懷氏**(무회씨) · **葛天氏**(갈천씨) : 둘 다 중국 태고적 제왕의 이름. 태평무사한 때의 욕심 없는 순박한 백성을 뜻함.

【對譯】

찬(贊)에 말하기를,

"금루(黔婁)가 한 말이 있으니, '빈천에 근심하지 아니하고 부귀에 급급하지 않는다.'고 하였다. 그 말을 지극하게 하고 보면 이것이 이와 같은 사람의 무리인가! 술잔을 기울여 즐기며 시를 짓고 그로써 뜻을 즐거워하니 무회(無懷)씨의 백성인가? 갈천(葛天)의 백성인가?"

즉, 선생은 저 태고적 제왕인 무회씨(無懷氏) 때의 그 즐겁고 순박한 백성인가! 아니면 도덕이 하도 높아 말 아니해도 저절로 잘 다스려졌던 태고적 갈천씨(葛天氏) 때의 그 태평한 백성인가!

【배경】

도연명의 집 문앞에는 다섯 그루의 버드나무가 있었으므로 이로 인하여 그 스스로 오류 선생이라는 호를 짓고 이에 짤막한 전기를 쓴 것이다.

六 | 說類(설류)

설류란 이의(理義)를 해석하고 자기 의견을 서술하는 것이다. 일반적으로 논의(論義)보다는 약간 가볍고 쉽다.

1 愛蓮說(애련설)

周茂叔(주무숙)

수 륙 초 목 지 화　가 애 자 심 번
水陸草木之花 可愛者甚蕃하니

진 도 연 명　　독 애 국
晉陶淵明은 獨愛菊하고,

자 이 당 래　　세 인　　심 애 목 단
自李唐來로 世人이 甚愛牧丹호되,

여 독 애 련 지 출 어 어 니 이 불 염
予獨愛蓮之出於淤泥而不染하고,

탁 청 련 이 불 요
濯清漣而不妖하고

중 통 외 직 불 만 부 지
中通外直不蔓不枝하고,

香遠益淸하야 亭亭淨植하니,

可遠觀而不可褻翫焉이라.

【註釋】

淤	진흙	어
染	물들일	염
褻	더러울	설
翫	장난할	완

• 蕃(번) : 풀이 무성하다는 뜻에서 변하여 사물이 많음을 뜻함.

• 李唐(이당) : 당대(唐代). 왕조의 성이 이씨였으므로 이당(李唐)
  이라 함.

• 淤泥(어니) : 진흙.

• 不染(불염) : 진흙에 물들어도 더러워지지 않음.

• 濯淸漣而不妖(탁청련이불요) : 맑은 잔물결에 씻기되 요염하
  지 않다는 뜻.

• 中通(중통) : 연꽃 줄기의 속이 비어 통해 있는 것. 군자가 사
  물의 조리에 통달해 있는 것을 뜻함.

• 亭亭(정정) : 우뚝 솟은 모양.

• 褻翫(설완) : 가까이서 제멋대로 즐기는 것.

【對譯】

　　수륙(水陸)의 초목과 꽃에는 사랑할 만한 것이 대단히 많다. 진(晉)의 도연명(陶淵明)은 유독 국화를 사랑했고, 이당(李唐)으로부터 내려오면서 세상 사람들은 모란을 몹시 사랑하였다. 나만은 연꽃이 진흙 속에서 나와 물들여지지 아니하고 맑은 물 잔물결에 씻기어도 요염하지 아니하고, 속은 통해 있고 밖은 쪽 곧아 넝쿨지지 아니하고, 가지도 없으며 향기는 멀수록 더욱 맑고 우뚝 깨끗하게 서 있으니, 그 멀리서 바라볼 수는 있으나 만만하게 다룰 수 없음을 사랑한다.

予謂菊은 花之隱逸者也오, 牧丹은
花之富貴者也오, 蓮은 花之君子者也라.
噫라, 菊之愛는 陶後에 鮮有聞이요, 蓮之愛는
同予者 何人고. 牧丹之愛는 宜乎衆矣로라.

【註釋】

隱　숨을　　　　　은

逸　잃을　　　　　일

| 噫 | 탄식할 | 희 |
| 鮮 | 깨끗할 | 선 |

• **菊花之隱逸者也**(국화지은일자야) : 국화는 속세를 떠나 숨어
　사는 은자와 비슷하다.

• **陶**(도) : 도연명.

• **鮮有聞**(선유문) : 선(鮮)은 '거의 없다'는 뜻. 즉, 듣는 일이 거
　의 없음.

【對譯】

　나는 말하겠다. 국화는 꽃의 은일자요, 모란은 꽃의 부귀자
요, 연꽃은 꽃의 군자라고. 아! 국화를 사랑함은 도연명 이후엔
들은 적이 없고, 연꽃을 사랑함은 나와 같은 이가 몇 사람인
고! 모란을 사랑함은 많은 것이 당연하리라.

<table><tr><td>七</td><td>韓國詩篇(한국시편)</td></tr></table>

신사임당

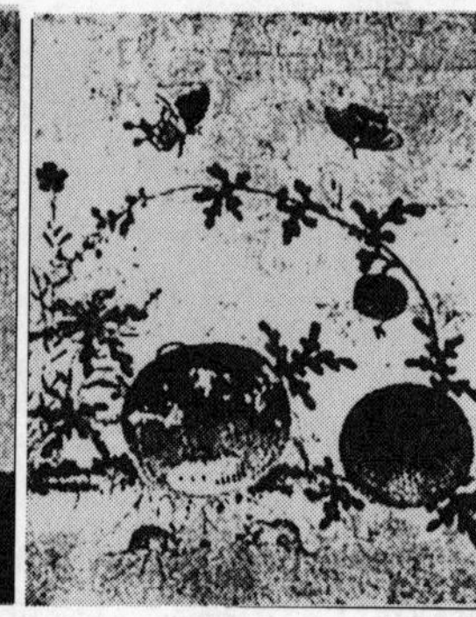

신사임당
의 작품 :
초충도(草
虫圖)

1 古意(고의)

풍 정 화 유 락　　조 명 산 갱 유
風定花猶落　鳥鳴山更幽

천 공 백 운 효　　수 화 명 월 류
天共白雲曉　水和明月流

【註釋】

幽　그윽할　　　유

共 함께　　공
曉 새벽　　효
流 흐를　　류

【對譯】

　바람은 자건마는 꽃은 그대로 떨어지고, 새들이 우짖으니 산이 더욱 그윽하구나.

　흰구름이 맑은 하늘에 먼동이 트고, 밝은 달 출렁이는 파문에 물이 흘러간다.

2 閨情(규정)

> 有約來何晚　庭梅欲謝時
> 忽聞枝上鵲　虛畫鏡中眉

（유 약 래 하 만　정 매 욕 사 시）
（홀 문 지 상 작　허 화 경 중 미）

【註釋】

晚	늦을	만
謝	끊을	사
虛	허사	허
眉	눈썹	미

【對譯】

　봄이 되면 오신다고 약속하고 가시더니 뜰 끝에 매화 져도 오실 줄 모르시네.

　문 앞 나뭇가지에 까치 깍깍 짖기에 허사인 줄 알면서도 화장 곱게 하였소.

3 鷺(노)

인 방 빙 수 함　노 역 인 사 탄
人方憑水檻　鷺亦人沙灘

백 발 수 상 사　오 한 노 미 한
白髮雖相似　吾閒鷺未閒

【註釋】

憑 의지할　빙

鷺 해오라기, 백로　로

雖 비록　수

閒 한가할　한 (閑)

【對譯】

　사람은 다락 난간에 의지해서 앉으며 갈매기는 모래 위로 날 아든다.

　머리털이 흰 것은 비록 같지만 한가하게 네가 나만 못하다.

4 途中(도중)

일 모 삭 풍 기　　천 한 행 로 난
日暮朔風起　天寒行路難

백 연 생 동 수　　산 점 설 중 간
白烟生凍樹　山店雪中看

【註釋】

朔 북쪽　　　　삭

烟 연기　　　　연 (煙)

凍 얼　　　　　동

看 볼　　　　　간

【對譯】

　날 저물자 매운 바람 살을 에이고, 날씨 추워 나그네길 정말 어렵네.

　흰 연기도 찬 나무에 얼어 서리고, 산간 주점 눈 속에 멀리 보이네.

5 無題(무제)

<table>
<tr><td>산 하 조 작 반
山霞朝作飯</td><td>나 월 야 위 등
蘿月夜爲燈</td></tr>
<tr><td>독 숙 고 암 하
獨宿孤庵下</td><td>유 존 탑 일 층
惟存塔一層</td></tr>
</table>

【註釋】

霞	놀	하
蘿	담쟁이덩굴	라
惟	오직	유
塔	탑	탑

【對譯】

산에 낀 놀은 아침밥이요, 댕댕이에 걸린 달은 저녁 등일세.
홀로 잔 외로운 암자에는 오직 한 층의 탑이 있을 뿐일세.

6 聞笛(문적)

遠_원遠_원沙_사上_상人_인　初_초疑_의雙_쌍白_백鷺_로

臨_임風_풍忽_홀橫_횡笛_적　寥_요亮_량江_강天_천暮_모

【註釋】

忽	문득	홀
笛	피리	적
寥	쓸쓸할	료
亮	밝을	량

【對譯】

　모래사장에 앉은 백로, 사람인가 다시 보고 그 가운데 섞인 사람, 백로인가 의심하네.

　솔솔 부는 바람결에 피리를 부는 소리, 해 지는 강물 위로 맑게 퍼지네.

7 伯牙(백아)

<blockquote>
아 자 탄 오 금　　　불 필 구 상 음
我自彈吾琴　　不必求賞音

종 기 역 하 물　　　강 변 현 상 심
鐘期亦何物　　强辯絃上心
</blockquote>

【註釋】

彈	튀길	탄
賞	칭찬할	상
辯	따질	변
絃	악기 줄	현

【對譯】

　내 거문고 위에 내 맘 실어 내가 타거니 누구에게 내 음률을 칭찬해 달라겠소.

　종기 역시 나 아니고 남이어든 줄 위에 잠긴 내 뜻 어이 알리오.

8 偶吟(우음)

인 지 애 정 사　　　호 호 피 상 사
人之愛正士　好虎皮相似

생 전 욕 살 지　　　사 후 방 칭 미
生前欲殺之　死後方稱美

【註釋】

似 닮을　　　　　사

欲 하고자 할　　욕

稱 일컬을　　　　칭

美 아름다울　　　미

【對譯】

　사람들은 옳은 사람 사랑하기를 호피를 좋아함과 비슷하게 하네.

　살았을 때는 잡아죽이려 하고 죽은 뒤에야 입을 모아 칭찬하더라.

9 絶交(절교)

산인불가견　산로흑여칠
山人不可見　山路黑如漆

하이증부군　산두일편월
何以贈夫君　山頭一片月

【註釋】

漆	옻칠할	칠
贈	줄	증
頭	머리	두
片	조각	편

【對譯】

산 속에 사는 나를 찾을 수 없다네. 나를 찾아오는 길 칠흑 같으네.

아무것도 그대에게 줄 것 없거니 산 멀리 조각달이나 바라다 보게.

10 絶句(절구) 1

낙 일 하 평 사　　숙 금 투 원 수
落日下平沙　宿禽投遠樹

귀 인 만 기 려　　갱 겁 전 산 우
歸人晚騎驢　更刦前山雨

【註釋】

禽	날짐승	금
騎	말 탈	기
驢	나귀	려
刦	걱정할	겁 (刧)

【對譯】

　서산에 지는 해 평평한 모래 아래로 질 때 새는 제 집의 잘 곳을 찾아 먼 산으로 날아가네.

　뒤늦게 돌아가는 사람 급히 나귀에 채찍질하니 앞산에 지나는 비 또 맞을까 걱정함이네.

11 絶句(절구) 2

석조전강사　　추성생원수
夕照轉江沙　秋聲生遠樹

목동질독귀　　의습전산우
牧童叱犢歸　衣濕前山雨

【註釋】

轉 구를　　　　　전

牧 칠　　　　　　목

叱 꾸짖을　　　　질

犢 송아지　　　　독

【對譯】

　　저녁 노을 곱게 곱게 강물 위에 퍼지고, 처량한 가을 소리 먼 숲에서 들려오네.

　　목동이 소를 몰고 바삐 돌아올 때 지나가는 소낙비에 옷이 흠뻑 젖었네.

⑲ 題閣老畫幅(제각노화폭)

만 첩 청 산 원　　삼 간 백 옥 빈
萬疊靑山遠　三間白屋貧

죽 림 오 작 만　　일 견 폐 귀 인
竹林烏鵲晚　一犬吠歸人

【註釋】

疊	거듭할	첩
烏	까마귀	오
鵲	까치	작
吠	짖을	폐

【對譯】

만첩 청산 아득한 속에 초가 삼간 초라하기도 하다.

대숲에 까막까치 해는 저무는데 지나가는 사람 보고 개가 짖는다.

13 題驛亭(제역정)

중 조 동 지 숙　　천 명 각 자 비
衆鳥同枝宿　　天明各自飛

인 생 역 여 차　　하 필 누 첨 의
人生亦如此　　何必淚沾衣

【註釋】

衆	무리	중
枝	가지	지
淚	눈물	루
沾	젖을	첨

【對譯】

　한가지에 같이 자던 온갖 새들이 하늘 밝자 이리저리 흩어져 나네.

　우리 인생도 이와 다름없나니, 무엇이 그리 서러워서 울고불고하는가.

14 吊山人(조산인)

來與白雲來　去隨明月去
(내 여 백 운 래)　(거 수 명 월 거)

去來一主人　畢竟在何處
(거 래 일 주 인)　(필 경 재 하 처)

【註釋】

隨	따를	수
去	갈	거
畢	마칠	필
竟	마침내	경

【對譯】

　올 때는 구름 함께 조촐하게 오시더니 갈 적엔 달을 따라 호젓이도 가셨구나.

　오시다가 꿈이런듯 사라지신 임, 이제는 어디에서 무엇하고 계실까?

15 秋夜(추야)

소 소 낙 엽 성 　　　착 인 위 소 우
蕭蕭落葉聲　　錯認爲疎雨

호 동 출 문 간 　　　월 괘 계 남 수
呼童出門看　　月掛溪南樹

【註釋】

蕭	우수수	소
錯	그르칠	착
疎	성길	소
掛	걸	괘

【對譯】

우수수 지는 잎 소리를 듣고 성긴 비 내리는 줄로 잘못 알았네.

아이에게 나가 보라 당부했더니 찬 달만 숲 위에 걸려 있네.

16 秋夜雨中(추야우중)

추풍유고음　거세소지음
秋風惟苦吟　擧世少知音

창외삼경우　등전만리심
窓外三更雨　燈前萬里心

【註釋】

吟	읊을	음
擧	온통	거
更	바꿀	경
燈	등잔	등

【對譯】

　가을 바람은 오직 신음 소리처럼 들리고 나의 시를 세상에서 아는 이 드물구나.

　창 밖에 비는 오고 밤은 깊은데 등잔 앞에 먼 고향이 아른거린다.

17 太公釣魚圖(태공조어도)

학 발 투 간 객　　초 연 불 세 옹
鶴髮投竿客　超然不世翁

약 비 서 백 렵　　장 반 왕 래 홍
若非西伯獵　長伴往來鴻

【註釋】

鶴	학	학
竿	장대	간
獵	사냥할	렵
鴻	큰 기러기	홍

【對譯】

　늙도록 낚싯대 잡고 앉아 있건만, 드문 재주 품고 있던 노옹이로세.

　문왕을 만나 함께 가지 않았더라면, 오가는 기러기만 동무했으리.

八 | 中國詩篇(중국시편)

중국의 대표적인 시인으로는 이백(李白)과 두보(杜甫)를 들 수 있다. 이 두 시인을 이두(李杜)라고도 칭하고, 또는 각각 시선(詩仙), 시성(詩聖)이라 하여 한시단(漢詩壇)에서는 최고봉으로 삼고 있다.

1 江南春(강남춘)

杜牧(두목)

천 리 앵 제 록 영 홍　　　수 촌 산 곽 주 기 풍
千里鶯啼綠暎紅하니 水村山郭酒旗風이라

남 조 사 백 팔 십 사　　　다 소 루 대 연 우 중
南朝四百八十寺 多少樓臺煙雨中이라.

【註釋】

鶯	꾀꼬리	앵
暎	비칠	영
郭	성	곽
樓	다락	루

【對譯】

천리를 꾀꼬리는 울고 푸른빛이 붉은빛에 반사하니, 물가에 있는 마을과 산기슭에 있는 마을의 술집의 기폭이 바람에 나부 끼니라.

남조의 480개의 절이, 그 많은 집들이 안개비 속에 묻혀 있 느니라.

2 勸學詩(권학시) 1

朱熹(주희)

少年易老學難成하니 一寸光陰不可輕이라.

未覺池塘에 春草夢이어늘

階前梧葉이 已秋聲이라.

【註釋】

陰 그늘　　　　음

覺 깨달을　　　각

塘 못　　　　　당

梧 오동　　　　오

【對譯】

　소년은 늙기가 쉽고 학문은 이루기가 어려우니, 조그마한 세월을 가벼이 하는 것은 옳지 않느니라.

　못가에 봄 풀이 꿈을 깨닫지 못하였는데 뜰 앞의 오동잎이 이미 가을 소리더라.

3 勸學詩(권학시) 2

휴 림 좌 석 노 인 행   삼 십 리 위 일 일 정
休林坐石老人行이 三十里爲一日程이라.

약 장 일 월   능 천 리
若將一月이면 能千里하니

이 노 인 행   계 후 생
以老人行으로 戒後生하노라.

【註釋】

程 길　　　　　정

若 만일　　　　약

將 가질　　　　장

【對譯】

숲에서 쉬고 돌에 앉으면서 걷는 노인의 걸음은 삼십 리가
하룻길이 되니라.

만일 한 달 동안이면 천리도 가능하니, 노인의 걸음으로써
후생을 경계하노라.

즉, 느린 걸음으로라도 쉬지 않고 걸으면 이렇게 큰 성과를
얻을 수 있다.

4 答山中人(답산중인)

李白(이백)

문 여 하 사　　　서 벽 산　　소 이 불 답 심 자 한 問余何事로 棲碧山고 笑而不答心自閑이라 도 화 유 수 묘 연 거　　　별 유 천 지 비 인 간 桃花流水杳然去하니 別有天地非人間이라.

【註釋】

余	나	여
棲	깃들일	서
閑	한가	한
杳	아득할	묘

【對譯】

나보고 묻되, 왜 푸른 산에 사느냐고 하면 웃고서 대답은 아니하지만 마음은 스스로 한가하니라.

흐르는 물에 복사꽃이 아득히 흘러가니, 따로 천지가 열려 있는데 인간이 사는 곳은 아니다. 즉, 신선이 사는 곳이다.

5 望廬山瀑布(망려산폭포)

李白(이백)

일 조 향 로 생 자 연 요 간 폭 포 괘 장 천
日照香爐生紫煙하니 遙看瀑布掛長川이라.

비 류 직 하 삼 천 척 의 시 은 하 구 천
飛流直下三千尺하니 疑是銀河九天이라.

【註釋】

廬	집	려
瀑	폭포	폭
爐	화로	로
遙	멀	요

【對譯】

　해가 향로봉을 비추어 자줏빛 연기가 생겨, 멀리 쳐다보니 폭포가 긴 내를 걸어놓은 것 같도다.

　쏜살같은 물의 흐름이 곧게 삼천 척을 내리치니, 이것이 은 하수가 하늘에서 떨어지는 것이 아닌가 의심되니라.

6 四時(사시)

顧愷之(고개지)

춘 수 만 사 택 하 운 다 기 봉
春水는 滿四澤이요 夏雲은 多奇峰이라

추 월 양 명 휘 동 령 수 고 송
秋月은 揚明輝요 冬嶺秀孤松이라.

【註釋】

顧 돌아볼　　고

愷 즐거울　　개

揚 드날릴　　양

輝 빛　　휘

【對譯】

봄 물은 사방 못에 가득하고, 여름 구름은 기이한 봉우리가 많다.

가을 달은 밝은 빛을 떨치고, 겨울 재에는 외로운 소나무만 빼어나 있도다.

7 山亭夏日(산정하일)

高騈(고병)

녹 수 음 농 하 일 장
綠樹陰濃夏日長하니

누 대 도 영 입 지 당
樓臺倒影入池塘이라

수 정 렴 동 미 풍 기
水晶簾動微風起하니

일 가 장 미 만 원 향
一架薔薇滿院香이라.

【註釋】

濃	무르녹을	농
晶	수정	정
簾	발	렴
院	집	원

【對譯】

푸른 나무가 그늘이 짙어 여름날이 길으니, 정자의 거꾸로 선 그림자는 못에 들어 있느니라.

수정으로 만든 발이 움직여 미풍이 일어나니 한 시렁에 피어 있는 장미는 온 집 안 가득히 향기를 풍기니라.

8 山中對酌(산중대작)

李白(이백)

양입대작산화개　일배일배부일배
兩入對酌山花開하니 一杯一杯復一杯라.

아취욕면군차거　명조유의포금래
我醉欲眠君且去하고 明朝有意抱琴來하리.

【註釋】

酌	따를	작
杯	잔	배
復	다시	부
抱	안을	포

【對譯】

　두 사람이 서로 맞대고 술을 마시니 마침 산꽃이 핀다. 한잔 한잔에 다시 한잔을 마시니라.

　나는 술에 취하여 자고자 하니 그대는 또 가고, 내일 아침에 생각이 있거든 거문고를 가지고 오너라.

9 山行(산행)

杜牧(두목)

원 상 한 산 석 경 사	백 운 생 처 유 인 가
遠上寒山石徑斜하니	白雲生處에 有人家라
정 거 좌 애 풍 림 만	상 엽 홍 어 이 월 화
停車坐愛楓林晚하니	霜葉이 紅於二月花라.

【註釋】

斜	비낄	사
停	멈출	정
楓	단풍	풍
紅	붉을	홍

【對譯】

　멀리 한산에 오르매 돌길이 비껴 있으니, 흰구름이 뭉게뭉게 피어나는 곳에는 사람 사는 집이 있도다.

　수레를 멈추고 앉아서 늦은 단풍의 풍경을 사랑하여 유심히 보고 있으니, 서리에 물든 잎이 2월에 피는 꽃보다도 붉으니라.

10 尋隱者不遇(심은자불우)

賈島(가도)

송 하　　　문 동 자　　　　　언 사 채 약 거
松下에 問童子하니 言師採藥去라

지 재 차 산 중　　　　운 심 부 지 처
只在此山中이나 雲深不知處라.

【註釋】

採	캘	채
去	갈	거
只	다만	지
處	곳	처

【對譯】

　소나무 아래에서 동자에게 물으니 말하되, '스승은 약초를 캐러 갔습니다.' 하니라.

　다만 이 산 가운데 있건만 구름이 깊어서 간 곳을 알지 못하겠도다.

11 尋胡隱者(심호은자)

高啓(고계)

도 수 부 도 수 　　　간 화 환 간 화
渡水復渡水하고 看花還看花라

춘 풍 강 상 로 　　　불 각 도 군 가
春風江上路에 不覺到君家라.

【註釋】

復	다시	부
渡	건널	도
還	또다시	환
覺	깨달을	각

【對譯】

　물을 건너고 난 후 다시 물을 건너고, 꽃을 보고 난 후 다시 꽃을 보니라.

　봄바람이 부는 강 길 위의 경치에 도취되어 그대의 집에 벌써 도착된 것도 깨닫지 못하고 있었도다.

12 飲酒(음주)

陶潛(도잠)

> 결 려 재 인 경　　　　이 무 거 마 훤
> 結廬在人境하니 而無車馬喧이라.
>
> 문 군 하 능 이　　　　심 원 지 자 편
> 問君何能爾오 心遠地自偏이라.
>
> 채 국 동 리 하　　　　유 연 견 남 산
> 採菊東籬下다가 悠然見南山이라.
>
> 산 기 일 석 가　　　　비 조　　상 여 환
> 山氣日夕佳하니 飛鳥도 相與還이라.
>
> 차 중　　유 진 의　　　　욕 변 이 망 언
> 此中에 有眞意하니 欲辯已忘言이라.

【註釋】

廬	오두막집	려
境	지경	경
喧	시끄러울	훤
偏	편벽될	편
籬	울타리	리
忘	잊을	망

【對譯】

　집을 지어 사람이 드물게 사는 곳에 있으니 수레의 시끄러운 내왕이 없도다. 그대 나에게 묻되 무엇이 능한고? 마음은 원대하고 땅은 스스로 궁벽한 곳이라. 국화를 동쪽 울타리 아래에서 꺾다가 아득히 남쪽 산을 바라보니라.

　산의 모습이 저녁놀에 아름다우니 나는 새도 서로 더불어 돌아가니라. 이 가운데에 참뜻이 있으니 말을 하고자 해도 이미 할말을 잊었노라.

13 絶句(절구)

杜甫(두보)

^{강 벽 조 유 백} ^{산 청 화 욕 연}
江碧鳥愈白이요 山靑花欲然이라

^{금 춘 간 우 과} ^{하 일 시 귀 년}
今春看又過하니 何日是歸年고.

【註釋】

碧	푸를	벽
愈	더욱	유
然	탈	연
又	또	우

【對譯】

강물이 푸르니 새는 더욱 희고, 산이 푸르니 꽃은 붉게 타고자 한다.

금년 봄도 보고 또 지내니, 어느 날이 고향에 돌아갈 해인가.

14 靜夜思(정야사)

李白(이백)

床前에 看月光하니 疑是地上霜이라

擧頭望山月이요 低頭思故鄕이라.

【註釋】

床	평상, 침대	상
霜	서리	상
擧	들	거
鄕	시골	향

【對譯】

침대 앞에서 달빛을 보니 이것이 땅 위의 서리가 아닌가 의심이 된다.

머리를 들어 산에 걸려 있는 달을 바라보고 머리를 숙여 고향을 생각한다.

15 除夜(제야)

高騈(고병)

여관한등독불면
旅館寒燈獨不眠하니
객심하사 전처연
客心何事로 轉悽然가.

고향금야사천리
故鄕今夜思千里하니
상빈명조우일년
霜鬢明朝又一年이라.

【註釋】

燈 등잔　　　등

轉 구를　　　전

悽 슬플　　　처

鬢 수염　　　빈

【對譯】

　여관 방의 찬 등불에 홀로 잠을 이루지 못하니, 나그네의 마음이 어떠한 일로 뒹굴면서 슬퍼하는가?

　고향에서는 오늘 저녁에 천리 밖에 있는 나를 생각할 것이니, 서리처럼 희어지는 수염은 내일 아침에는 또 일 년을 보내니라.

16 早發白帝城(조발백제성)

李白(이백)

조 발 백 제 채 운 간　　　천 리 강 능 일 일 환
朝發白帝彩雲間하여 千里江陵一日還이라

양 안 원 성 제 부 주　　　경 주 이 과 만 중 산
兩岸猿聲啼不住하고 輕舟已過萬重山이라.

【註釋】

彩	채색	채
岸	언덕	안
猿	원숭이	원
已	이미	이

【對譯】

아침 일찍 백제성이 아름다운 구름 사이를 떠나 천리 길 강릉을 하루에 돌아오니라.

양쪽 언덕의 원숭이의 울음소리는 그치지 않았는데 가벼운 배는 이미 첩첩산중을 지나니라. 즉, 물결이 급하여 빨리 간다는 뜻이다.

17 竹里館(죽리관)

玉維(옥추)

> 독 좌 유 황 리　　탄 금 부 장 소
> 獨坐幽篁裏하여 彈琴復長嘯라
>
> 심 림　인 부 지　　명 월 래 상 조
> 深林에 人不知하고 明月來相照라.

【註釋】

幽	그윽할	유
篁	대숲	황
嘯	휘파람	소
照	비칠	조

・幽篁(유황) : 큰 대나무가 우거져 있는 고요한 곳.

【對譯】

　홀로 고요한 대나무 숲 속에 앉아서 거문고를 타다가 다시 길게 휘파람을 부니라.

　깊은 숲 속에 사람은 알지 못하고 다만 밝은 달이 와서 비치니라.

18 秋思(추사)

張籍(장적)

낙 양 성 리 견 추 풍　　욕 작 가 서 의 만 중
洛陽城裏見秋風하고 **欲作家書意萬重**이라

부 공 총 총 설 부 진　　행 인 임 발
復恐忽忽說不盡하여 **行人臨發**에

우 개 봉
又開封이라.

【註釋】

裏	속	리
復	다시	부
忽	바쁠	총
盡	다할	진

【對譯】

　낙양성 속에 불어오는 가을 바람을 보고 집에 보낼 편지를 쓰고자 하니 뜻이 만 겹으로 많으니라.

　다시 총총하여 말을 다하지 못한 것을 두려워하여 가는 사람이 출발 직전에 또 봉투를 열어보니라.

19 秋浦歌(추포가)

李白(이백)

백 발 삼 천 장　　　연 수 사 개 장
白髮三千丈이 緣愁似箇長이라

부 지 명 경 리　　　하 처 득 추 상
不知明鏡裏에 何處得秋霜고.

【註釋】

浦　물가　　　　　포
丈　길　　　　　　장
緣　말미암을　　　연
似　같을　　　　　사

• 秋浦(추포) : 이백(李白)이 머물렀던 지명.

【對譯】

흰 머리털이 삼천 장이나 긴 것은 근심으로 인하여 그와 같이 길어진 것이다.

알지 못하겠구나 밝은 거울 속에 비친 모습, 어느 곳에서 가을 서리 같은 흰 머리털을 얻어 왔는가(알지 못하겠구나).

20 春夜(춘야)

蘇軾(소식)

춘 소 일 각 직 천 금
春宵一刻直千金하니

화 유 청 향 월 유 음
花有淸香月有陰이라

가 관 루 대 성 적 적
歌管樓臺聲寂寂이요

추 천 원 낙 야 침 침
鞦韆院落夜沈沈이라.

【註釋】

宵	밤	소
管	피리	관
鞦	그네	추
韆	그네	천

【對譯】

　봄날의 밤은 한 시가 천금의 값에 해당하니, 꽃은 맑은 향기가 있고 달은 그늘이 있느니라.

　노래하고 피리 부는 누각집에는 소리가 사라져 고요하고, 그네를 뛰는 집의 뜰에는 밤이 고요히 깊어가느니라.

21 春日偶成(춘일우성)

程顥(정호)

雲淡風輕近午天에 訪花隨柳過前川이라.
(운담풍경근오천) (방화수류과전천)

傍人은 不識余心樂하고 將謂偸閑學少年이라.
(방인) (불식여심락) (장위투한학소년)

【註釋】

隨	따를	수
傍	곁	방
將	장차	장
偸	훔칠	투

【對譯】

　구름이 맑고 바람이 가벼운 한낮 가까운 때에, 꽃을 찾고 버들을 따라서 앞 시내를 건너가느니라.

　곁에 있는 사람은 내 마음의 즐거움을 알지 못하고, 장차 한가한 것을 틈타서 소년을 배운다고 말하리라.

22 春曉(춘효)

孟浩然(맹호연)

春眠不覺曉러니 處處聞啼鳥라
춘 면 불 각 효　　처 처 문 제 조

夜來風雨聲에 花落知多少라.
야 래 풍 우 성　　화 락 지 다 소

【註釋】

孟	맏	맹
浩	넓을	호
曉	날 샐	효
啼	울	제

【對譯】

봄 졸음에 몸이 노곤하여 날이 새는 것도 깨닫지 못하고 있더니, 눈을 떠보니 곳곳에서 우는 새소리가 들리는구나.

어젯밤에 불어온 바람 비 소리에 꽃이 많이 떨어졌음을 알겠도다.

23 楓橋夜泊(풍교야박)

張繼(장계)

월 락 오 제 상 만 천　　　강 풍 어 화 대 수 면
月落烏啼霜滿天하니 江楓漁火對愁眠이라

고 소 성 외 한 산 사　야 반 종 성　　도 객 선
姑蘇城外寒山寺 夜半鍾聲이 到客船이라.

【註釋】

啼	울	제
漁	고기 잡을	어
愁	근심	수
姑	고모	고

【對譯】

　달이 지고 까마귀는 울며 서리는 하늘에 가득한데 강 둑의 단풍과 어선의 반짝이는 불빛이 수심으로 잠 못 이루는 내 앞에 보이는구나.

　고소성 밖에 있는 한 산사에서 한밤중에 울리는 종소리가 손님이 타고 있는 배에까지 이르도다.

24 까치가 울면

시견오

> 오 작 어 천 회　　황 혼 불 견 래
> 烏鵲語千回　黃昏不見來
>
> 만 교 지 분 갑　　폐 료 우 중 개
> 漫教脂粉匣　閉了又重開

【註釋】

• 烏鵲(오작) : 까마귀와 까치. 여기서는 까치.

• 漫(만) : 공연히.

• 敎(교) : 사동(使動)을 나타내는 말.

• 重(중) : 이중으로 겹쳐서.

【對譯】

까치가 울면 오신다더니 해 다 저물어도 아니 오시네.

괜히 연지와 분 상자만 꺼내어 닫았다 열었다가 쓸데없는 짓만 되풀이하는구나!

25 누에는 죽기까지

이상은

상견시난별역난
相見時難別亦難

동풍무력백화잔
東風無力百花殘

춘잠도사사방진
春蠶到死絲方盡

납거성회루시간
蠟炬成灰淚始乾

효경단수운빈개
曉鏡但愁雲鬢改

야음응각월광한
夜吟應覺月光寒

봉산차거무다로
蓬山此去無多路

청조은근위탐간
靑鳥殷勤爲探看

【註釋】

· 東風(동풍) : 봄바람.

· 方(방) : 그때에야 처음으로.

· 蠟炬(납거) : 초.

· 乾(간) : '마른다'는 뜻일 때의 음(音)은 '간'.

· 雲鬢(운빈) : 미인의 검은 머리.

· 蓬山(봉산) : 신선이 사는 봉래산.

· 靑鳥(청조) : 선계(仙界)와 연락을 하는 새.

· 探看(탐간) : 잘 찾아보는 것.

【對譯】

어렵게 만난 사이 헤어지고 또 애태우노니 시들어 떨어지는 꽃이야. 아! 봄바람인들 어떻게 할 수 없네. 누에는 죽기까지 실을 뽑고, 재 되어서야 마르는 초의 눈물이여!

아침이면 거울 앞에 머리 빗으며 한숨 쉬시는가. 잠 못 이루어 시 읊으며 거닐면 달빛이 차리. 봉래산은 여기서 멀지도 않거니 파랑새야, 나를 위해 가 보고 오라.

26 가을

왕유

왕유

공산신우후　천기만래추
空山新雨後　天氣晚來秋

명월송간조　청천석상류
明月松間照　淸泉石上流

죽훤귀완녀　연동하어주
竹喧歸浣女　蓮動下漁舟

수의춘방헐　왕손자가류
隨意春芳歇　王孫自可留

【註釋】

• 空山(공산) : 인기척 없는 산.

• 晚來(만래) : 저녁 때 '내(來)'는 조자(助字).

• 喧(훤) : 시끄러움.

• 浣女(완녀) : 빨래하는 여자.

• 春芳(춘방) : 봄꽃.

• 歇(헐) : 떨어져 없어짐.

• 王孫(왕손) : 여기서는 상대를 높여 부르는 의미를 가졌다.

• 自可留(자가류) : 스스로 머물러 있다. 가지 않는다.

【對譯】

비가 개고 난 다음 산중에는 가을빛 나날이 짙어 소나무 사이로 달빛 비치고 맑은 샘물 돌 위를 흐른다.
　대숲이 버석이더니 빨래꾼 돌아오고 고깃배 지날적 흔들리는
연잎 꽃은 질테면 져라 임은 나와 함께 계시리니.

27 일편단심

천상추기근　인간월영청
天上秋期近　人間月影清

입하섬불몰　도약토장생
入河蟾不沒　搗藥兔長生

지익단심고　능첨백발명
只益丹心苦　能添白髮明

간과지만지　휴조국서영
干戈知滿地　休照國西營

【註釋】

· 入河蟾不沒(입하섬불몰) : 두꺼비는 달의 다른 이름으로 쓰인다. 달은 강물에 들어가도 빠져서 죽거나 떠내려가거나 하는 일이 없다는 것.

· 搗藥兔長生(도약토장생) : 달의 계수나무 밑에서 토끼가 약방아를 찧고 있다고 고대 중국인들은 생각했다.

· 只益丹心苦(지익단심고) : 오직 단심의 괴로움을 더하게 할 뿐임. 가뜩이나 괴로운 일편단심이 달빛 때문에 더해진다는 뜻.

· 能添白髮明(능첨백발명) : 능히 백발의 환함을 덧붙여 줌. 달빛으로 하여 백발어 더 뚜렷해진다는 뜻.

· 休照國西營(휴조국서영) : 나라의 서쪽에 있는 병영을 비추지

말라. 그곳을 비추면 군인들의 마음이 더욱 산란해질 것이
기 때문이다.

【對譯】

하늘에는 가을이 가까워지니 인간에는 달 그림자 맑기도 맑
네. 강물에 들어가고 두꺼비는 안 잠기고 약 찧으며 오래 장수
하는 한 마리 토끼. 저로 하여 이 일편단심 괴로움은 느는데
더욱 덧붙여진 나의 흰 머리. 이 세상 싸움으로 뒤덮인 이때
서쪽 땅 병영(兵營)일랑 비추지 말기를 바랄 뿐.

28 鄕愁(향수)

고 국 귀 미 득　　　차 일 의 하 상
故國歸未得　此日意何傷

독 좌 수 변 초　　　수 류 춘 일 장
獨坐水邊草　水流春日長

【註釋】

· 故國(고국) : 여기서는 고향.
· 意何傷(의하상) : 마음은 얼마나 상하랴.

【對譯】

고향에 갈 수 없어 가슴 아파서 집을 나와 풀 깔고 냇가에 앉으면 물은 흐르고 봄날은 길구나!

29 江村(강촌)

<table>
<tr><td>청 강 일 곡 포 촌 류
清江一曲抱村流</td><td>장 하 강 촌 사 사 유
長夏江村事事幽</td></tr>
<tr><td>자 거 자 래 양 상 연
自去自來梁上燕</td><td>상 친 상 근 수 중 구
相親相近水中鷗</td></tr>
<tr><td>노 처 화 지 위 기 국
老妻畫紙爲棋局</td><td>치 자 고 침 작 조 구
稚子敲針作釣鉤</td></tr>
<tr><td>다 병 소 수 유 약 물
多病所須惟藥物</td><td>미 구 차 외 갱 하 구
微軀此外更何求</td></tr>
</table>

【註釋】

• 幽(유) : 한가함.

• 自去自來(자거자래) : 마음대로 오고 감.

• 梁(양) : 대들보.

• 相親相近水中鷗(상친상근수중구) : 해칠 마음이 없을 때는 갈
　　매기가 모여들다가 해칠 마음을 먹자 다시는 오지 않더라
　　는 이야기.

• 棋局(기국) : 바둑판.

• 稚子(치자) : 어린애.

• 敲針(고침) : 바늘을 두들김.

• 釣鉤(조구) : 낚시.

• 所須(소수) : 바라는 바.

• 微軀(미구) : 미천한 몸.

【對譯】

맑은 강물에 마을은 안 듯이 흘러가고 긴 여름 강촌은 한가롭다. 대들보 위에 앉아 있는 갈매기는 가까이 가도 날아갈 줄 모른다.

할머니는 종이에 바둑판을 그리고 어린아이는 바늘을 두들겨서 낚시를 만들고 있다. 나는 병이 많아 오직 약만 바랄 뿐이다. 이 미천한 몸이 이밖에 또 무엇을 요구하겠는가!

30 落花(낙화)

화비유저급　　노거원춘지
花飛有底急　　老去願春遲

가석환오지　　도비소장시
可惜歡娛地　　都非少壯時

관심응시주　　견흥막과시
寬心應是酒　　遣興莫過詩

차의도잠해　　오생후여기
此意陶潛解　　吾生後汝期

【註釋】

遲 늦을　　　　　지

- **有底急**(유저급) : 무슨 급한 일이 있느냐. 왜 그리 허둥대고 있
  느냐는 뜻. '저(底)', '하(何)'.
- **歡娛地**(환오지) : 즐겁게 놀고 있는 장소.
- **都**(도) : 모두.
- **陶潛**(도잠) : 도연명.
- **後汝期**(후여기) : 그대가 살고 있던 시기에 뒤짐.

【對譯】

무슨 일이 급하기에 이리도 꽃은 지니 늙은 몸 바라기는 봄

더디가는 일을⋯⋯. 애달프니 즐기며 노니는 자리.

어딜 가나 젊은 때는 이미 아니어라. 이 쓸쓸한 마음 달래기야 술이 으뜸이요, 흥을 풀 것 시(詩) 위에 다시없는 것을 내 마음을 도잠(陶潛)은 알았으련만. 내가 태어난 것이 그대보다 늦었으니 어찌하련가.

31 밤

杜甫(두보)

노 하 천 고 추 기 청　　공 산 독 야 여 혼 경
露下天高秋氣淸　空山獨夜旅魂驚

소 등 자 조 고 범 숙　　신 월 유 현 쌍 저 명
疎燈自照孤帆宿　新月猶縣雙杵鳴

남 국 재 봉 인 와 병　　북 서 부 지 안 무 정
南菊再逢人臥病　北書不至雁無情

보 첨 의 장 간 우 두　　은 한 요 응 접 봉 성
步簷倚杖看牛斗　銀漢遙應接鳳城

【註釋】

- 獨夜(독야) : 혼자서 깨어 있는 밤.
- 疎燈(소등) : 어설픈 등불.
- 雙杵(쌍저) : 둘이 마주 앉아 두드리는 다듬이질.
- 南菊再逢(남국재봉) : 남쪽에서 두 번이나 국화 피는 가을을 만났다는 것.
- 雁無情(안무정) : 기러기가 북에서 오기는 하지만 편지는 전해 주지 않으므로 무정하다는 것.
- 步簷(보첨) : 처마 밑을 걸음.
- 倚杖(의장) : 지팡이에 의지함.
- 牛斗(우두) : 견우성과 북두성.
- 銀漢(은한) : 은하(銀河).

•**鳳城**(봉성) : 궁궐.

【對譯】

이슬이 내리는 가을 밤하늘은 높고 공기는 맑다. 고요한 산에 혼자 밤을 보내는 나그네 마음은 너무 외롭다. 멀리 배에서는 등불이 새어오고 초생달을 두들기는 다듬이 소리.

국화 또 핀 남녘에 사람은 앓아눕고 편지도 없는 북쪽 기러기도 무정해 지팡이에 기대어 처마 밑에 서서 별을 본다. 서울 하늘 쪽 접하면 은하수가 멀고 멀다.

32 벗에게

白居易(백거이)

녹 의 신 배 주　　홍 니 소 화 로
綠蟻新醅酒　紅泥小火爐

만 래 천 욕 설　　능 음 일 배 무
晚來天欲雪　能飲一杯無

【註釋】

• 錄蟻(녹의) : 술 이름.

• 新醅酒(신배주) : 새로 거른 술.

• 紅泥(홍니) : 붉은빛의 질그릇.

• 晚來(만래) : 저녁에. 내(來)는 조자(助字).

• 無(무) : 비(否).

【對譯】

　새로 거른 술은 붉은빛의 질그릇에 담아 화롯불을 헤치고 술을 따끈히 데워 놓았네.

　눈이라도 내릴 것 같은 이 밤에 와서 한잔 안 하려는가.

33 乾元中寓居作歌(건원중우거작가) 1

杜甫(두보)

有客有客字子美　白頭亂髮垂過耳
유객유객자자미　백두난발수과이

歲拾橡栗隨狙公　天寒日暮山谷裏
세습상률수저공　천한일모산곡리

中原無書歸不得　手脚凍皴皮肉死
중원무서귀부득　수각동준피육사

嗚呼一歌兮歌已哀　悲風爲我從天來
오호일가혜가이애　비풍위아종천래

【註釋】

髮 머리털　　발

隨 따를　　수

- **客**(객) : 두보 스스로를 가리킴.
- **字子美**(자자미) : 자(字)는 정식 이름 외에 친히 부르는 이름.
- **橡栗**(상률) : 도토리.
- **狙公**(저공) : 원숭이를 길러 재주를 부리게 하는 사람. 또는 원숭이.
- **中原**(중원) : 두보의 고향.
- **凍皴**(동준) : 얼어서 가죽이 트는 것.
- **皮肉死**(피육사) : 가죽과 살이 무감각해진다.

• 兮(혜) : 조자(助字). 어조를 조정하기 위해 쓰인다.
• 從(종) : ……로부터.

【對譯】

나그네, 나그네! 그 이름은 자미(子美).

흰머리 헝클어져 귀까지 뒤덮었다.

원숭이를 따라 도토리를 줍는데 산 속에 날은 차고 해가 기운다.

중원에서는 소식 없어 가지도 못하고 손발은 온통 얼고 터졌다.

아! 한 곡조 부르니 그 노래 애처로운데 슬픈 바람 나를 위해 하늘에서 불어온다.

34 乾元中寓居作歌(건원중우거작가) 2

杜甫(두보)

장 참 장 참 백 목 병　　아 생 탁 자 이 위 명
長鑱長鑱白木柄　我生託子以爲命

황 독 무 묘 산 설 성　　단 의 삭 만 불 엄 경
黃獨無苗山雪盛　短衣數挽不掩脛

차 시 여 자 공 귀 래　　남 신 여 음 사 벽 정
此時與子空歸來　男呻女吟四壁靜

오 호 이 가 혜 가 시 방　　여 리 위 아 색 추 창
嗚呼二歌兮歌始放　閭里爲我色惆悵

【註釋】

獨 홀로　　　　　　독

壁 벽　　　　　　　벽

- **鑱**(참) : 가래.
- **柄**(병) : 자루.
- **託子**(탁자) : 너(가래)에게 맡긴다.
- **黃獨**(황독) : 둥글레.
- **數**(삭) : 자주.
- **脛**(경) : 정강이.
- **四壁靜**(사벽정) : 가난하여 집안이 텅텅 비어 있다는 뜻.
- **閭里**(여리) : 시골 마을 사람들.

• **色**(색) : 안색.
• **惆悵**(추창) : 한탄하고 슬퍼하는 모양.

【對譯】

긴 가래야, 긴 가래야! 흰 나무로 자루 하고
나는 네게 의지해 목숨을 이어간다.
둥글레 싹 안 보이고 산에는 눈만 깊은데 짧은 옷은 아무리
끌어도 정강이를 못 가린다.
이리하여 너와 나 빈손으로 돌아오면 가족들은 굶주리어 않
아누워 있다.
아! 둘째 곡조를 노래하니 이웃들도 나 때문에 측은해한다.

35 乾元中寓居作歌(건원중우거작가) 3

杜甫(두보)

유제유제재원방　　삼인각수하인강
有弟有弟在遠方　　三人各瘦何人强

생별전전불상견　　호진암천도로장
生別展轉不相見　　胡塵暗天道路長

동비가아후추창　　안득송아치여방
東飛駕鵝後鶖鶬　　安得送我置汝傍

오호삼가혜가삼발　　여귀하처수형골
嗚呼三歌兮歌三發　　汝歸何處收兄骨

【註釋】

塵 티끌　　진

・展轉(전전) : 각지를 떠돌아다니는 것.
・胡塵(호진) : 오랑캐의 군대가 일으키는 티끌.
・駕鵝(가아) : 들거위. 기러기와 비슷함.
・鶖鶬(추창) : 두루미 비슷한 새.
・安得(안득) : 어찌 ……일 수 있으랴.
・歸(귀) : 고향에 돌아옴. 두보의 고향은 낙양.

【對譯】

　아우들, 아우들 멀리 있어 세 사람이 각자 누가 여위고 누가 튼튼한지?

생이별하여 전전하니까 서로 보지 못하는데.

오랑캐의 군대가 일으키는 티끌에 하늘이 어둡고 길은 멀다.

들거위 날고 두루미 날아도 나를 너희 곁에 데려다주지는 못한다.

아! 셋째 곡조를 노래 부르노니 고향에 온들 형의 뼈를 어디서 거둘 테냐.

36 思君恩(사군은)

소 원 앵 가 헐　　　장 문 접 무 다
小苑鶯歌歇　長門蝶舞多

안 간 춘 우 거　　　취 련 부 증 과
眼看春又去　翠輦不曾過

【註釋】

- **小苑**(소원) : 장안 곡강에 있는 부용원(芙蓉園)이니 황제의 유원지.
- **歇**(헐) : 끝나다. 중단되다.
- **長門**(장문) : 아교(阿嬌)가 총애를 잃고 물러나 살던 장문궁(長門宮).
- **眼看**(안간) : 보고 있는 사이에.
- **翠輦**(취련) : 비취로 장식한 수레.

【對譯】

　꾀꼬리의 노래는 이미 끊이고 봄 가고 장문전(長門殿)에는 나비가 난다.

　보고 있는 사이에 봄은 또 간다. 그러나 수레를 탄 님은 한 번도 찾아주지 않는다.

37 遺懷(유회)

아 수 초 택 파 중 수   군 작 함 양 천 중 니
我隨楚澤波中水　君作咸陽泉中泥

백 사 무 심 치 한 식   신 장 치 녀 장 전 제
百事無心値寒食　身將稚女帳前啼

【註釋】

• 楚澤(초택) : 동정호.

• 君(군) : 죽은 아내.

• 咸陽(함양) : 섬서성 장안 부근이니 진(秦)의 도읍지.

• 泉(천) : 무덤.

• 無心(무심) : 마음에 시들한 것.

• 身(신) : 자신.

• 將(장) : ……과.

• 帳前(장전) : 장막 앞, 커튼 앞.

【對譯】

　나는 동정호(洞庭湖) 가에 있으며 당신은 함양(咸陽) 땅 속에 있소.

　백사에 무심하니 어느덧 오늘은 한식(寒食)인데 어린 딸년이 울어 나도 같이 장막 앞에서 운다.

38 胡渭州(호위주)

장호

정 정 고 월 조 행 주 　　　적 적 장 강 만 리 류
亭亭孤月照行舟　　寂寂長江萬里流

향 국 부 지 하 처 시 　　　운 산 만 만 사 인 수
鄕國不知何處是　　雲山漫漫使人愁

【註釋】

· 亭亭(정정) : 높은 모양.
· 行舟(행주) : 나그네가 타고 가는 배.
· 萬里流(만리류) : 만리나 되는 긴 흐름.
· 鄕國(향국) : 고향.
· 漫漫(만만) : 길고 먼 모양.

【對譯】

　높고 높은 괴로운 달은 가는 배를 비치고 적막한 장강 물은 굽이굽이 흐른다.

　내 고향은 그 어디쯤일는지 구름 낀 산만 첩첩해 시름 겨운 밤이여!

39 북국 가시내

유가

진 아 십 사 오　　　면 백 어 지 조
秦娥十四五　　面白於指爪
수 인 야 채 상　　　경 기 대 승 조
羞人夜採桑　　驚起戴勝鳥

【註釋】

• 秦娥(진아) : 진(秦)의 농옥(弄玉). 농옥은 목공(穆公)의 공주(公主)인데 퉁소를 잘 부는 숙사(簫史)의 아내가 되었다.

• 於(어) : ……보다. 비교를 나타내는 말.

• 戴勝鳥(대승조) : 오디새.

【對譯】

열다섯 살 북국 가시내 얼굴은 손톱보다 희다.
부끄러워 밤에사 뽕을 따간다.
오디새 소리에 놀라곤 한다.

40 배꽃

冷艶全欺雪　餘香乍入衣
(냉염전기설　여향사입의)

春風且莫定　吹向玉階飛
(춘풍차막정　취향옥계비)

【註釋】

· 冷艶(냉염) : 배꽃이 차갑고 어여쁨을 형용.
· 餘香(여향) : 풍겨오는 향기.
· 乍(사) : 갑자기.
· 且(차) : 잠깐.
· 定(정) : 멈춤.

【對譯】

　차갑고 염염하여 눈인가 여겼더니 그윽한 향기는 금세 옷에 스며 봄바람이 잠깐 멈추어 님 계신 옥섬 돌 위에 바람 타고 풍기렴.

41 雪(설)

유종원

천 산 조 비 절　　만 경 인 종 멸
千山鳥飛絶　　萬徑人蹤滅

고 주 사 립 옹　　독 조 한 강 설
孤舟蓑笠翁　　獨釣寒江雪

【註釋】

· 千山(천산) : 모든 산.
· 萬徑(만경) : 모든 길.
· 人蹤(인종) : 사람의 발자취.
· 蓑笠(사립) : 도롱이와 삿갓. 도롱이는 왕골 같은 풀로 엮은 비
　　옷임.

【對譯】

　많은 산에는 새도 날지 않고 모든 길에는 인적마저 끊였는데
강에 배를 띄워 도롱이 입고 삿갓 쓰고 있는 노인이 혼자 퍼붓
는 함박눈을 맞으면서 낚시질하네.

■42 山房春事(산방춘사)

양원일모난비아　극목소조삼량가
梁園日暮亂飛鴉　極目蕭條三兩家

정수부지인거진　춘래환발구시화
庭樹不知人去盡　春來還發舊時花

【註釋】

- **梁園**(양원) : 한(漢)의 제후인 양효왕(梁孝王)이 지은 유원지.
- **鴉**(아) : 까마귀.
- **極目**(극목) : 시야에 들어오는 모든 것.
- **蕭條**(소조) : 쓸쓸한 모양.
- **三兩**(삼량) : 이삼(二三)과 같음.
- **還**(환) : 다시.

【對譯】

　양원에 해는 지고 까마귀 떼 어지럽게 날고 시야에 들어오는 모든 것이 쓸쓸할 뿐 두세 채인가. 흘러간 영화를 뜰에 있는 나무가 알랴!

　봄이 오자 다시 피어난 꽃이여! 옛날 같은 꽃이여!

43 送別(송별)

산 중 상 송 파　　일 모 엄 시 비
山中相送罷　日暮掩柴扉

춘 초 연 년 록　　왕 손 귀 불 귀
春草年年綠　王孫歸不歸

【註釋】

- **相送罷**(상송파) : 보내고 나서.
- **掩**(엄) : 닫다.
- **歸不歸**(귀불귀) : 돌아올 것인가, 돌아오지 않을 것인가.

【對譯】

　산중에서 그대를 보내고 홀로 돌아와 사립문 닫노니 해가 기운다. 봄 오면 풀이야 해마다 푸르지만 한 번 간 그대 돌아올지 어떨지.

44 山家(산가)

황보염

산 관 장 적 적　　한 운 조 석 래
山舘長寂寂　　閑雲朝夕來

공 정 부 하 유　　낙 일 조 청 태
空庭復何有　　落日照青苔

【註釋】

· 山舘(산관) : 산에 있는 집.
· 空庭(공정) : 아무도 없는 뜰.
· 靑苔(청태) : 푸른 이끼.

【對譯】

　산이 그윽하매 고요도 고요한 집. 구름이 조석으로 찾아와 뜰에서 졸기도 하고 지는 해 푸른 이끼를 때로 비치기도 하고.

45 幽居(유거)

위응물

미 우 야 래 과　　부 지 춘 초 생
微雨夜來過　　不知春草生

청 산 홀 이 서　　조 작 요 사 명
靑山忽已曙　　鳥雀繞舍鳴

【註釋】

· 夜來(야래) : 어젯밤부터.
· 不知(부지) : 모르기는 하되.

【對譯】

　어젯밤부터 부슬비가 왔다. 모르기는 하지만 봄풀이 돋아나
리라.
　청산에는 비가 멎고 동이 터 온다. 뜰에서 새들이 운다.

九 金笠詩集(김립시집)

옥불탁불성기 인불학부지의
— 옥은 쪼고 다듬지 않으면 그릇을 이룰 수
없고 사람은 배우지 않으면 사리를 알 수
없다

김립(金笠, 김삿갓)은 순조(純祖) 7년에 장동 김씨(壯洞金氏)
집에 태어났다. 이름은 병연(炳淵)이요, 립(笠)은 속칭이다. 김
립은 20세경에 인간 영달(人間榮達)을 단념하고 유랑의 길을
떠났다. 머리에 커다란 삿갓을 쓰고 단장(短杖)을 벗삼아 석

양 비끼는 산 그림자를 영탄(詠嘆)하고 주막집에서 술을 마시며 행운유수(行雲流水)와 같이 일생을 방랑하였다. 57세에 전라도 동복(同福)에서 별세하였다.

1 無題(무제)

사 각 송 반 죽 일 기　　천 광 운 영 공 배 회
四脚松盤粥一器　　天光雲影共徘徊

주 인 막 도 무 안 색　　오 애 청 산 도 수 래
主人莫道無顏色　　吾愛靑山倒水來

【對譯】

　네 다리 소나무 소반에 주는 죽 한 그릇에 하늘 빛과 구름 그림자가 돌아다닌다.
　그러나 주인은 미안하다고 말하지 말라. 나는 청산이 물에 거꾸로 비쳐 오는 것을 사랑하도다.

【배경】

　이 시는 들에서 멀건 죽 한 그릇을 얻어먹으며 지은 것이다.

2 艱飮野店(간음야점)

천 리 행 장 일 가　　여 전 칠 엽 상 운 다
千里行裝一柯　餘錢七葉尚云多

낭 중 계 이 심 심 재　　야 점 사 양 견 주 하
囊中戒爾深深在　野店斜陽見酒何

【註釋】

艱	어려울	간
柯	가지	가
囊	주머니	낭
爾	너	이

【對譯】

천리를 가는 행장을 한 막대기 단장에 맡기고 남은 돈 7푼이 전 재산일러라.

주머니 속에 있는 너(7푼)에게 깊이깊이 있으라 타일렀더니 들판에 있는 주막 석양에 술을 보고 어찌 그냥 지나리오.

❸ 開城入逐客(개성입추객)

<table>
<tr><td>읍 호 개 성 하 폐 문
邑號開城何閉門</td><td>산 명 송 악 기 무 신
山名松嶽豈無薪</td></tr>
<tr><td>황 혼 추 객 비 인 사
黃昏逐客非人事</td><td>예 의 동 방 자 독 진
禮儀東方子獨秦</td></tr>
</table>

【對譯】

　고을 이름이 개성인데 어찌하여 문을 닫으며, 산 이름이 송악인데 어찌 나무가 없다고 하는가.

　황혼에 객을 쫓는 것이 인사가 아니니 예의 동방에 네 혼자 진나라의 시황제이더라.

【배경】

　개성에서 하룻밤을 자고자 이 집 저 집 대문을 두드렸으나 쉽사리 문을 열어주지 않고 겨우 한 집에서 주인이 나와 나무가 없어서 불을 못 때니 다른 집으로 가라고 하기에 분통해서 지은 시.

4 蘭皐平生詩(난고평생시)

조 소 수 혈 개 유 거　　고 아 평 생 독 자 상
鳥巢獸穴皆有居　顧我平生獨自傷

망 혜 죽 장 로 천 리　　수 성 운 심 가 사 방
茫鞋竹杖路千里　水性雲心家四方

【註釋】

皐　언덕　　　　고
鞋　신　　　　　혜

· 茫(망) : 흐리멍덩하고 똑똑하지 못한 모양.
· 茫鞋(망혜) : 삼·모시 따위로 만든 신발.

【對譯】

　새도 보금자리가 있고 짐승도 굴이 있건만 내 평생은 집도 없이 홀로 외로웠도다.

　짚신과 대지팡이로 천리 길을 돌아다니매 흐르는 물과 뜬구름과 같이 천지 사방이 내 집일러라.

5 咏笠(영립) 1

부 부 아 립 등 허 주　　일 착 평 생 사 십 추
浮浮我笠等虛舟　　一着平生四十秋

목 견 경 장 수 야 독　　어 옹 본 색 반 구
牧堅輕裝隨野犢　　漁翁本色伴鷗

【註釋】

笠	갓	립
犢	송아지	독
翁	할아버지	옹
伴	따라갈, 동무	반

【對譯】

　떠돌아다니는 내 삿갓이 빈 배와 같으니 우연히 한번 쓴 것이 사십 평생을 지내왔도다.

　본시 목동이 경장으로 송아지를 따를 때 쓰고 고기 잡는 할아버지가 백구와 더불어 고기 잡을 때 쓰는 우장일러라.

6 咏笠(영립) 2

醉來脫掛看花樹　興到携登翫月樓
취 래 탈 괘 간 화 수　흥 도 휴 등 완 월 루

俗子衣冠皆外飾　滿天風雨獨無愁
속 자 의 관 개 외 식　만 천 풍 우 독 무 수

【註釋】

翫　가지고 놀　완

樓　다락　루

飾　꾸밀　식

愁　근심　수

【對譯】

술이 취하면 삿갓을 벗어 꽃나무에 걸고 흥이 나면 벗어 들고 달 뜨는 다락루로 오르네.

속인의 사치한 의관은 모두 외식이로되 나의 삿갓은 하늘 가득한 비바람에도 근심이 없네.

7 二十樹下(이십수하)

이 십 수 하 삼 십 객　　사 십 가 중 오 십 식
二十樹下三十客　四十家中五十食

인 간 기 유 칠 십 사　　불 여 귀 가 삼 십 식
人間豈有七十事　不如歸家三十食

【註釋】

· 二十樹(이십수) : 스므나무(나무 이름).
· 三十客(삼십객) : 서른(슬픈) 나그네.
· 四十家(사십가) : 마흔(망한) 집.
· 五十食(오십식) : 쉰 밥.
· 七十事(칠십사) : 일흔(이런) 일.
· 三十食(삼십식) : 서른(미숙) 밥.

【對譯】

스무나무 아래 선 나그네요, 마흔 집 가운데 쉰 밥이다.
인간에게 어찌 이런 일이 있으리오. 집에 돌아가서 선 밥 먹는 것만 못하다.

【배경】

어느 한 집에 가서 밥을 구걸하니 쉰 밥을 내놓기에 개탄하여 읊은 시.

8 竹詩(죽시)

차 죽 피 죽 화 거 죽　　풍 타 지 죽 랑 타 죽
此竹彼竹化去竹　　風打之竹浪打竹

반 반 죽 죽 생 차 죽　　시 시 비 비 부 피 죽
飯飯粥粥生此竹　　是是非非付彼竹

【註釋】

打	칠	타	
飯	밥	반	
粥	죽	죽	
付	붙일	부	

【對譯】

　이리저리 되어 가는 대로, 바람 부는 대로, 물결치는 대로 하세.

　밥이면 밥, 죽이면 죽, 이대로 살아가고 옳으면 옳고, 그르면 그르다 하여도 저대로 붙여 두세.

　만사는 그렇고 저렇고 그런 세상 그런 대로 지나가세.

9 聽曉鐘(청효종)

霖雨長安時孟秋 嶠南歸客獨登樓
（임우장안시맹추 교남귀객독등루）

吼來地上雷霆動 擊送人間歲月流
（후래지상뢰정동 격송인간세월류）

【註釋】

霖	장마	림
孟	맏	맹
吼	울	후
霆	우뢰	정

【對譯】

  장마비 내리는 장안은 마침 초가을인데 남쪽에서 돌아온 손님이 홀로 누각에 오르더라.

  마침 들려오는 종소리는 지상을 흔들어 인간만사를 세월과 함께 몰아 보내는 듯하도다.

10 風俗薄(풍속박)

사양고립양시비 삼피주인수각휘
斜陽叩立兩柴扉　三被主人手却揮

두우역지풍속박 격림제송불여귀
杜宇亦知風俗薄　隔林啼送不如歸

【註釋】

叩	두드릴	고
柴	사립나무	시
扉	문짝	비
隔	막힐	격

· 不如歸(불여귀) : 두견새.

【對譯】

　석양에 두서너 집 문을 두드리고 섰으나 주인은 모두 손을 휘둘러 나를 쫓더라.

　두견새가 또한 풍속이 박함을 알고 수풀을 떠나서 다른 두견새를 울려 보내더라.

十 | 碑類(비류)

　비문(碑文)이란 사람의 공덕을 기리는 글을 돌에 새긴 것이다. 묘소에 비문을 세우는 것은 후세의 풍습이고, 옛날에는 살아 있는 자의 덕을 찬송한 것이 더 많았다. 비문은 사자(死者)를 위해서만이 아니라, 산천·성지(城地)·궁실·교도(橋道) 등과 그밖의 것을 기념하기 위하여 세워지며, 대개 명(銘)이 따른다. 앞에는 서문(序文)이 있기도 하지만 비문만 세워진 경우도 있다. 서사(敍事)가 주(主)이고 의론(議論)이 포함된 것은 변칙적인 것으로 본다.

1 潮州韓文公廟碑(조주한문공묘비)

蘇東坡(소동파)

필부이위백세사　　일언이위천하법
匹夫而爲百世師하며 一言而爲天下法은,

시개유이참천지지화　　관성쇠지운
是皆有以參天地之化하고 關盛衰之運이라.

기생야유자래　　기서야유소위
其生也有自來오 其逝也有所爲라.

> 고 신려자악강 부열위렬성
> 故로 申呂自嶽降하고 傳説 爲列星하니,
>
> 고금소전 불가무야
> 古今所傳을 不可誣也니라.

【註釋】

• **匹夫而爲百世師**(필부이위백세사) : 필부(匹夫)는 평민, 한 필부가 백세의 스승이 된다.

• **參天地之化**(참천지지화) : 천지가 만물을 화육하는 위대한 활동을 하는데, 거기에 참가하여 같이 일하는 것.

• **申呂自嶽降**(신려자악강) : 신후(申侯)와 여후(呂侯)는 주(周)의 선왕(宣王)을 보좌한 명신으로 숭산(嵩山)의 신령이 인간이 되어 내려온 신비적 존재.

• **傳説爲列星**(부열위렬성) : 부열은 은나라 고종(高宗) 때의 대신으로서 공로가 컸던 인물.

• **不可誣**(불가무) : 억지로 거짓말을 할 수 없다. 분명한 사실임.

【對譯】

필부로서 백세(百世)의 스승이 되고 한마디 말로써 천하의 법이 되는 것은 이 모두가 그로써 천지의 화육함에 참여하고 성쇠의 운에 관계됨이 있다. 그 태어남에는 좇아서 옴이 있고 그 돌아감에는 하는 바가 있다. 그러므로 신려(申呂)는 산악(山嶽)에서부터 내려왔고, 부열(傳説)은 열성(列星)이 되었던 것이니, 고금에 전하는 바를 속일 수는 없도다.

孟子曰我는, 善養吾의 浩然之氣라 하니,

是氣也寓於尋常之中하고,

而塞乎天地之間하야 卒然遇之에,

王公이 失其貴하며, 晋楚失其富하며,

良平이 失其智하며, 賁育이 失其勇하며,

儀秦이 失其辯이라. 是孰使之然哉오.

其必有不依形而立하며 不恃力而行하며,

不待生而存하며 不隨死而亡者矣라.

故로 在天에 爲星辰이오, 在地에 爲河嶽이오,

幽則爲鬼神이오, 而明則復爲人이니,

此理之常이라 無足怪者니라.

【註釋】

魔　　　　　　　휘

- **晋楚**(진초) : 춘추전국시대의 가장 부강했던 나라. 북쪽에 진나라, 남쪽에 초나라가 있었음.
- **良平**(양평) : 한고조(漢高祖)를 섬긴 지자(智者)인 장량(張良)과 진평(陳平).
- **賁育**(분육) : 제(齊)나라 사람 맹분(孟賁)과 위(衛)나라 사람 하육(夏育). 옛날의 용사(勇士).
- **儀秦**(의진) : 전국시대의 외교가이며 웅변가인 소진(蘇秦)과 장의(張儀).
- **河嶽**(하악) : 황하(黃河)와 사악(四嶽).
- **幽**(유) : 눈에 보이지 않는 어두운 세계.
- **明**(명) : 밝은 이 세상. 현세.

【對譯】

맹자가 말하기를, "나는 나의 호연(浩然)의 기(氣)를 잘 기른다."고 하였으니, 이 기는 심상한 가운데 붙이고 천지에 가득 차서 갑자기 이것을 만나면 왕공(王公)은 그 귀함을 잃고 진(晋)·초(楚)는 그 부를 잃으며 장량(張良)과 진평(陳平)은 그 지혜를 잃고 맹분(孟賁)과 하육(夏育)은 그 용맹을 잃으며 장의(張儀)와 소진(蘇秦)은 그 변(辯)을 잃게 된다. 이는 누가 그를 그렇게 만드는 것인가? 그것은 반드시 형체에 의지하여 서지 아니하며, 힘에 의하여 행하지 아니하며 생(生)을 기다려서 존재하지 아니

하며 사(死)를 따라서 없어지지 않는다. 그러므로 하늘에 있어
서는 성신(星辰)이 되고 땅에 있어서는 강하(江河)와 산악이 되
고, 어두운 데서는 곧 귀신이 되고 밝은 데서는 다시 사람이
되니, 이치의 떳떳함이라 괴이하게 여길 만한 것이 못 된다.

自東漢以來로 道喪文弊하야, 異端이

並起하니 歷唐貞觀開元之盛하야,

輔以房杜姚宋이라도 而不能救러라.

獨韓文公이 起布衣하야, 談笑而麾之하니

天下靡然從公하야, 復歸于正이

蓋三百年於此矣라. 文起八代之衰오

而道濟天下之溺하고, 忠犯人主之怒오

而勇奪三軍之帥하니, 此豈非參天地

關盛衰하야 浩然而獨存者乎아.

【註釋】

• **東漢**(동한) : 후한(後漢). 장안(長安)에 도읍한 서한(西漢)에 대
　　해서 이르는 말.

• **貞觀**(정관) : 정관(正觀)과 같음. 당(唐)나라 태종(太宗)의 연호.

• **開元**(개원) : 당(唐)나라 현종(玄宗)의 연호.

• **布衣**(포의) : 무위무관(無位無官)의 사람. 즉, 평민.

• **浩然而獨存**(호연이독존) : 한문공은 호연한 기운의 표현인데,
　　그 형세가 성대하여 천지 사이에 홀로 서서 어떠한 것에도
　　좌우되지 않으면서 존재하였음.

【對譯】

　동한(東漢) 이래로 도덕이 없어지고 고문(古文)이 헐어서 이단
(異端)이 아울러 일어나니 당(唐)나라의 정관(貞觀)·개원(開元)의
흥성함을 지나 방현령(房玄齡)·두여회(杜如晦)·요숭(姚崇)·송
경(宋璟)이 도왔으나 구할 수 없었다. 한문공(韓文公)만 홀로 포
의(布衣)로 일어나서 담소하며 이를 지휘하니 천하가 쓰러지듯
쏠리어 공을 따라서 다시금 정도(正道)로 돌아온 것이 삼백 년
이었다. 문장은 팔대의 성쇠하였던 것을 일으켰고, 도덕은 천하
의 빠졌던 것을 건졌고, 충정은 인주(人主)의 노여움을 범하였
고 용기는 삼군의 장수를 빼앗았으니, 이 어찌 천지에 참여하
고 성쇠에 관계하여 호연히 홀로 존재하는 것이 아니겠는가?

十一 勸學文(권학문)

사람들에게 학문을 권하기 위한 시(詩) 혹은 운문(韻文)인데, 오언(五言)·칠언(七言)·잡언(雜言) 등 여러 가지 형식이 있다.

1 白樂天(백낙천)의 권학문

유전불경창름허
有田不耕倉廩虛　有書不敎子孫愚
유서불교자손우

창름허혜세월핍
倉廩虛兮歲月乏　子孫愚兮禮義疎
자손우혜예의소

약유불경여불교
若惟不耕與不敎　是乃父兄之過歟
시내부형지과여

【註釋】

·**倉廩**(창름) : 곡식을 넣어 두는 곳을 창(倉), 쌀을 넣어 두는 곳을 름(廩)이라 함.

·**歲月乏**(세월핍) : 살아가는 동안에 식량이 부족한 것.

· **禮義疎**(예의소) : 인간의 신분에 의하여 정해진 행위의 형식인 예(禮)와 그 행해야 할 조리(條理)인 의(義)에 소홀한 것.

【對譯】

　밭이 있어도 일구지 않으면 창름이 비고 책이 있어도 가르치지 않으면 자손이 어리석어진다. 창름이 비면 세월을 (지내는데) 결핍이 생기고 자손이 어리석으면 예의에 소홀하도다. 오직 일구지 않고 가르치지 않음 같은 것은 이는, 즉 부형의 잘못이 아닐까?

② 眞宗皇帝(진종황제)의 권학문

부가불용매양전　서중자유천종속
富家不用買良田　書中自有千鍾粟

안거불용가고당　서중자유황금옥
安居不用架高堂　書中自有黃金屋

출문막한무인수　서중거마다여족
出門莫恨無人隨　書中車馬多如簇

취처막한무양매　서중유녀안여옥
娶妻莫恨無良媒　書中有女顔如玉

남아욕수평생지　육경근향창전독
男兒欲遂平生志　六經勤向窓前讀

【註釋】

· 千鍾粟(천종속) : 많은 곡식.
· 黃金屋(황금옥) : 금으로 지붕을 장식한 집. 훌륭한 저택.
· 良媒(양매) : 좋은 중매인.
· 六經(육경) : 시(詩) · 서(書) · 예(禮) · 악(樂) · 춘추(春秋) · 역(易).

【對譯】

　집을 부유하게 함에 있어서는 좋은 밭을 살 필요가 없나니 책 가운데 자연히 천종속이 있으며 편하게 살기 위해서는 고당(高堂)을 만들 필요가 없나니 책 가운데 자연 황금옥이 있도다.

문을 나감에 사람이 따르지 않음을 한탄하지 말라. 책 가운데 거마의 많음이 족생(簇生)함 같도다. 아내를 구함에 양매 없음을 한탄하지 말라. 책 가운데 여자가 있어 얼굴이 구슬 같도다. 남자가 평생의 뜻을 이루려면 육경(六經)을 부지런히 창 앞에 두고 읽으라.

十二　五言古風短篇(오언고풍 단편)

1 歸田園居(귀전원거)

陶淵明(도연명)

종 두 남 산 하　　초 성 두 묘 희
種豆南山下　　草盛豆苗稀

침 신 이 황 예　　대 월 하 서 귀
侵晨理荒穢　　帶月荷鋤歸

도 협 초 목 장　　석 로 첨 아 의
道狹草木長　　夕露沾我衣

의 첨 부 족 석　　단 사 원 무 위
衣沾不足惜　　但使願無違

【註釋】

鋤 호미　　　　서

狹 좁을　　　　협

・侵晨(침신) : 새벽 일찍이.
・理(이) : 정리하다. 손질하다.

- **荒穢**(황예) : 잡초가 무성한 것.
- **帶月**(대월) : 달 그림자와 함께.

【對譯】

콩을 남산 밑에 심으니
잡초가 무성하여 두묘가 드물도다.
새벽 일찍 황예를 다스리고
달빛을 받으며 호미 메고 돌아오네.
길은 좁은데 초목은 자라
저녁 이슬이 나의 옷깃을 적신다.
옷이 젖는 것이야 탓할 바 아니지만
다만 농사가 틀림없기를 바랄 뿐이다.

2 王右軍(왕우군)

李太白(이태백)

우군본청진　　소세재풍진
右軍本淸眞　　瀟洒在風塵

산음우우객　　애차호아빈
山陰遇羽客　　愛此好鵝賓

소소사도경　　필정묘입신
掃素寫道經　　筆精妙入神

서파농아거　　하증별주인
書罷籠鵝去　　何曾別主人

【註釋】

塵 티끌　　진

鵝 거위　　아

籠 농　　롱

- **淸眞**(청진) : 지저분하지 않고 진실한 성격.
- **瀟洒**(소세) : 소탈하여 무엇에 구애받음이 없음.
- **風塵**(풍진) : 시끄럽고 더러운 속세.
- **羽客**(우객) : 날개 돋힌 사람. 신선이나 도사.
- **好鵝賓**(호아빈) : 거위를 좋아하는 손님, 즉 왕우군(王右軍).
  우군은 벼슬 이름. 이름은 일소(逸少).
- **掃素**(소소) : 흰 비단 위에 거침없이 마치 비단 위를 쓸 듯이

글씨를 힘차게 써 내려감을 형용한 말.
• **妙入神**(묘입신) : 사람의 능력 이상의 뛰어난 솜씨.

【對譯】

우군은 본래 청진하여
풍진 속에서도 소세하였도다.
산음현에서 도사를 만나니
그는 이 거위 좋아하는 손님을 사랑했더라.
흰 비단 위를 쓸 듯이 도경을 필사하니
필적이 뛰어나고 신묘하여 입신의 경지더라.
쓰기를 마친 뒤 거위를 채통에 넣어 가지고 가니,
어찌 새삼스럽게 주인에게 이별을 고하랴.

【배경】

이 시는 중국 제일의 서도가 왕희지가 산음현의 도사를 위하여 '도덕경'을 써 주고, 그 대가로 거위를 얻어서 돌아간 고사(故事)를 읊은 것인데, 왕우군의 깨끗하고 소탈한 인품이 잘 묘사되어 있다.

3 又(우)

부운종일행　유자구부지
浮雲終日行　遊子久不至

삼야빈몽군　정친견군의
三夜頻夢君　情親見君意

고귀상국촉　고도내불이
告歸常局促　苦道來不易

강호다풍파　주즙공실추
江湖多風波　舟楫恐失墜

출문조백수　고부평생지
出門搔白首　苦負平生志

관개만경화　사인독초췌
冠蓋滿京華　斯人獨顦顇

숙운망회회　장로신반루
熟云網恢恢　將老身反累

천추만세명　적막신후사
千秋萬歲名　寂寞身後事

【註釋】

· 局促(국촉) : 몸을 움츠리는 것. 두려워하고 근심하는 모양.
· 出門搔白首(출문조백수) : 그가 돌아가는 것을 꿈속에서 배웅
  할 때 이백이 자기 흰머리를 긁적거렸다는 말.

- **冠蓋**(관개) : 의관을 착용하고 수레에 장식을 단 덮개를 비치한 귀인들.
- **顦顇**(초췌) : 괴로워하고 여위는 것.
- **網恢恢**(망회회) : 하늘이 마치 그물이 코가 넓어서 성긴 듯하지만 죄 지은 자는 한 사람도 놓치지 않고 잡아서 반드시 벌한다는 뜻.

【對譯】

뜬구름은 종일토록 흘러가는데
나그네 그대는 오래도록 오지 않네.
사흘 밤 계속 그대를 꿈꾸니
그대의 정이 두터운 줄 알았노라
꿈에서 그대는 돌아감을 고할 때 항상 몸을 움츠리며
여기까지 오기가 쉽지 않았다고 하소연하더라.
강호에 풍파 많으니
배와 키를 잃을까 염려하노라.
그대가 문을 나설 때 흰머리를 긁으며
평생의 뜻에 매우 어긋난다고 중얼거리더라.
화려한 도성에는 고관대작 가득한데
이 사람만이 홀로 초췌했구나.
누가 천망이 회회하다고 일렀더냐
점차 몸은 늙어가는데 도리어 옥에 갇히다니.
천추만세에 이름을 남긴다 해도
적막하도다, 사후의 일이여.

4 友人會宿(우인회숙)

<table>
<tr><td>척 탕 천 고 수
滌蕩千古愁</td><td>유 련 백 호 음
留連百壺飲</td></tr>
<tr><td>양 소 의 차 담
良宵宜且談</td><td>호 월 불 능 침
皓月不能寢</td></tr>
<tr><td>취 래 와 공 산
醉來臥空山</td><td>천 지 즉 금 침
天地卽衾枕</td></tr>
</table>

【註釋】

愁 근심 　　　수

飲 마실 　　　음

· 滌蕩(척탕) : 더러움을 씻어 버리는 것.

· 留連(유련) : 매우 즐거워서 떠나지 않고 그 자리에 머무르는 것.

· 且(차) : 잠깐.

· 皓月(호월) : 희게 빛나는 달.

· 空山(공산) : 인기척 없는 조용한 산.

· 天地卽衾枕(천지즉금침) : 천지가 곧 이불이요, 베개라는 뜻.

【對譯】

천고의 시름을 씻어 버리고자
유련하여 백 병의 술을 마시노라

이 좋은 밤에 얼마 동안 담소할 것인지,
달이 밝은데 벌써 잠잘 수 있겠는가?
취하여 공산에 와 누우니
천지가 곧 금침이로세.

5 子夜吳歌(자야오가)

李太白(이태백)

> 장 안 일 편 월　만 호 도 의 성
> 長安一片月　萬戶擣衣聲
>
> 추 풍 취 부 진　총 시 옥 관 정
> 秋風吹不盡　總是玉關情
>
> 하 일 평 호 로　양 인 파 원 정
> 何日平胡虜　良人罷遠征

【註釋】

· **擣衣聲**(도의성) : 다듬이질 소리.

· **玉關**(옥관) : 옥문관(玉門關). 장안의 북서쪽에 있는 서역(西域)
　　과 통하는 관문. 남편의 원정지.

· **胡虜**(호로) : 북쪽 오랑캐.

· **良人**(양인) : 남편.

【對譯】

　　서울 장안에 한 조각 달빛이 은은한데

　　집집마다 들려오는 다듬이질 소리

　　가을 바람 불어 멎지 않으니

　　이 모두 옥관의 정일 뿐

　　언제 호로를 평정하여

　　우리 낭군이 원정을 끝내고 집에 돌아오실까?

6 雜詩(잡시) 1

陶淵明(도연명)

結廬在人境　而無車馬喧
(결려재인경)　(이무거마훤)

問君何能爾　心遠地自偏
(문군하능이)　(심원지자편)

採菊東籬下　悠然見南山
(채국동리하)　(유연견남산)

山氣日夕佳　飛鳥相與還
(산기일석가)　(비조상여환)

此間有眞意　欲辯已忘言
(차간유진의)　(욕변이망언)

【註釋】

• 車馬喧(거마훤) : 귀인이 내방할 때의 수레 소리, 말 울음소리. 속세 사람들이 찾아오는 것.

• 問君(문군) : 자문자답의 형식. 자기 자신을 '그대'라고 부른 것임.

• 地自偏(지자편) : 자기가 살고 있는 곳도 자연 궁벽한 시골이라는 뜻.

• 東籬(동리) : 동쪽 울타리.

• 悠然(유연) : 침착하여 서두르지 않는 모양.

• 欲辯已忘言(욕변이망언) : 말을 하려고 하나 벌써 말을 잊어

버렸다는 뜻. 말로는 도저히 표현할 수 없다.

【對譯】

초막을 얽어 인경(人境)에 사니
수레나 말의 훤소가 없다.
그대에게 묻노니 어찌 능히 그런고.
마음이 속세에서 멀으니 사는 땅이
또한 자연히 궁벽하기 때문이라.
동쪽 울타리 밑에서 국화를 따며
우연히 남산을 바라보았노라.
산기(山氣)는 조석으로 아름다운데
나는 새들 서로 어울려 돌아오누나.
이런 사이에 참뜻이 있으니
말하고자 하나 이미 말을 잊었노라.

7 雜詩(잡시) 2

陶淵明(도연명)

인생무근체　　표여맥상진
人生無根蔕　　飄如陌上塵

분산축풍전　　차이비상신
分散逐風轉　　此已非常身

낙지위형제　　하필골육친
落地爲兄弟　　何必骨肉親

득환당작락　　두주취비린
得歡當作樂　　斗酒聚比鄰

성년부중래　　일일난재신
盛年不重來　　一日難再晨

급시당면려　　세월부대인
及時當勉勵　　歲月不待人

【註釋】

飄 회오리바람　　표

聚 모을　　취

・根蔕(근체) : 튼튼한 뿌리. 체(蔕)는 꼭지.

・陌上塵(맥상진) : 길 위의 먼지.

・何必骨肉親(하필골육친) : 어찌 반드시 골육친지뿐이겠느냐.
　　모두 형제라는 뜻.

• **比鄰**(비린) : 가까운 이웃.
• **及時**(급시) : 좋은 시기를 놓치고 말고.

【對譯】

인생에 뿌리 없으니 표연하여 길 위의 티끌 같도다.
흩어져 바람을 따라 전전하니 이 인생 이미 불변이 아니어라.
땅에 떨어져 형제가 됨은
어찌 반드시 골육의 친척뿐이리요.
기쁨을 얻으면 마땅히 즐거워하고
술이 있으면 가까운 이웃을 모으라.
성년은 거듭 오지 않고
하루에 두 번 새벽 되기 어려우니라.
때를 당해 마땅히 면려할지니
세월은 사람을 기다리지 않는다.

8 淸夜吟(청야음)

邵康節(소강절)

월 도 천 심 처　　풍 래 수 면 시
月到天心處　風來水面時

일 반 청 의 미　　요 득 소 인 지
一般淸意味　料得少人知

【註釋】

· 天心(천심) : 하늘의 한가운데.
· 淸意(청의) : 서늘한 기분.

【對譯】

달이 천심처에 이르고
바람이 수면에 일 때
일반의 청량한 기분의 멋을
아는 이 적음을 헤아려 알았노라.

十三 聖人譚集(성인담집)

이 문장은 일반적으로 인도주의(人道主義) 사상과 자율(自律)의 도덕과 윤리관(倫理觀)을 담고 있다.

1

> 자왈 도불행 승부부우해
> 子曰, '道不行이라 乘桴浮于海하리니
>
> 종아자 기유여
> 從我者는 其由與인저.'
>
> 자로 문지희 자왈 유야
> 子路 聞之喜한대 子曰, '由也는
>
> 호용과아 무소취재
> 好勇過我하나 無所取材니라.'

【註釋】

• 桴(부) : 뗏목.
• 由(유) : 공자의 제자. 자로(子路).

【對譯】

공자께서 "도가 이루어지지 않으니 떼를 타고 바다에 뜰까 한다. 나를 따를 자는 유(由)일 것이다."라고 말씀하셨다.

자로가 이를 듣고 기뻐했다. 그러나 공자께서 말씀하셨다.

"유는 용맹하기를 좋아하는 데는 나보다 더하지만 사리를 재량 분간할 줄을 모른다."

2

季文子 三思而後에 行하더니

子 聞之하시고 曰, '再斯可矣니라.'

【註釋】

- 季文子(계문자) : 노(魯)의 대부(大夫). 계손대(季孫代)의 삼대 (三代).
- 三思而後行(삼사이후행) : 무슨 일이든지 세 번이나 깊이 생각 하고 나서 실천하는 것.
- 再斯可矣(재사가의) : 두 번이면 족하다.

【對譯】

계문자는 무슨 일이든 세 번을 생각한 후에야 실천하니 공자 께서 그 말을 들으시고 말씀하시기를 '두 번이면 된다.' 하셨다.

3

> 재아문왈 인자 수고지왈
> 宰我問曰, "仁者는 雖告之曰,
>
> 정유인언 기종지야
> '井有仁焉'이라도 其從之也로소이꼬."
>
> 자왈 하위기연야 군자가서야
> 子曰, "何爲其然也리오. 君子可逝也언정
>
> 불가함야 가기야 불가망야
> 不可陷也며 可欺也언정 不可罔也니라."

【註釋】

· 宰我(재아) : 공자의 제자이며 웅변가였음.
· 井有仁焉(정유인언) : 인(仁)은 인(人)으로 푼다. 우물에 사람이
　　빠짐.
· 逝(서) : 가다.
· 陷(함) : 모함에 빠뜨림.
· 罔(망) : 사리를 어둠 속에 몰아넣고 망치게 하는 것.

【對譯】

　재아가 물었다.
　"인자는 가령 우물에 사람이 빠졌다고 말하면 그 말을 좇아
우물에 들어가리까?"

공자께서 대답하셨다.

"어찌 그러리오. 군자는 사리에 밝은지라 비록 구해 낼 꾀를 생각할지언정 제 몸을 빠뜨리지 않을 것이니 군자를 이치에 당한 말로 속일 수는 있으나 기만하지는 못하리라."

4

자왈 이삼자 이아위은호 子曰, '二三子는 以我爲隱乎아. 오무은호이 吾無隱乎爾로라. 오무행이불여이삼자자 시구야 吾無行而不與二三子者니 是丘也니라.'

【註釋】

- 二三子(이삼자) : 여러분. 그대들.
- 乎爾(호이) : 어세(語勢)를 돋구는 조사.

【對譯】

공자께서 말씀하셨다.

"여러분들은 내가 무엇을 숨기고 있다고 생각하는가? 나는 숨긴 것이 없네. 내가 하는 일로서 자네들과 같이 하지 않은 게 없네. 나는 바로 그런 사람일세."

즉, 여러분과 생활을 함께 하는 가운데서 학문과 덕을 쌓고 싶다고 생각할 뿐이라는 것이다.

5

子 畏於匡이러시니 曰, '文王旣沒하시니
文不在玆乎아. 天之將喪斯文也신댄
後死者 不得與於斯文也어니와
天之未喪斯文也시니 匡人其如予何리오.'

【註釋】

- 畏(외) : 무서운 봉변을 당했다는 말.
- 匡(광) : 지명.
- 文王(문왕) : 주문왕(周文王).
- 玆(자) : 여기. 나에게.
- 斯文(사문) : 문화의 전통.
- 不得與(부득여) : 문화전통을 같이 나누어 갖지 못함.
- 如予何(여여하) : 나를 어떻게 하겠느냐?

【註釋】

　공자께서 광 땅에서 매우 위태로운 지경에 빠졌을 때 말씀하셨다.

"문왕은 이미 돌아가셨으니, 문화에 대한 책임이 어찌 나에게 있지 않겠느냐? 하늘이 그의 문화를 없애버리려 했다면 후세 사람들이 그 문화에 참여치 못하려니와 하늘이 그 문화를 멸망코자 아니한다면 광인들이 나를 어떻게 하겠느냐?"

6

子曰, '先進於禮樂에 野人也오

後進於禮樂에 君子也라 하나니

如用之則吾從先進하리라.'

【註釋】

· 先進(선진) : 선배, 주초(周初)의 사람들.

· 後塵(후진) : 요즘 사람들.

· 如用之(여용지) : 만약 내가 둘 중의 하나를 택한다면.

【對譯】

공자께서 말씀하셨다.

"옛날 선배들의 예악(禮樂)은 소박하고 야인적이었으나, 지금의 후배들의 예악은 화려하고 군자적이다. 만약 내가 둘 중의 하나를 택한다면, 옛날 선배들의 야(野)를 좇겠다."

7

^{사 마 우 문 인}
司馬牛 問仁한대

^{자 왈 인 자 기 언 야 인}
子曰, '仁者其言也 訒이니라.'

^{왈 기 언 야 인 사 위 지 인 의 호}
曰, '其言也訒이면 斯謂之仁矣乎이꼬.'

^{자 왈 위 지 난 언 지 득 무 인 호}
子曰, '爲之難하니 言之得無訒乎아.'

【註釋】

- 司馬牛(사마우) : 성은 사마(司馬), 이름은 경(耕), 자(字)는 자우
  (子牛). 공자(孔子)의 제자. 송(宋)나라 사람.
- 訒(인) : 말하기를 어려워하다.

【對譯】

사마우가 인(仁)을 묻자, 공자께서 말씀하셨다.
"인자(仁者)는 말하기를 어려워한다."
사마우가 "말하기를 어려워하는 것을 바로 인(仁)이라 하겠습
니까?" 하고 다시 묻자, 공자께서 "실천하기가 어려우니 말하
기가 어렵지 않을 수 있겠느냐?"라고 하셨다.

8

> ^{자 장 문 정} ^{자 왈}
> 子張問政한대 子曰,
>
> ^{거 지 무 권} ^{행 지 이 충}
> '居之無倦하며 行之以忠이니라.'

【註釋】

- 居之(거지) : 정치가의 자리에 있다.
- 無倦(무권) : 게을리하지 않는다.
- 行之以忠(행지이충) : 일을 실행함에 표리가 없다.

【對譯】

자장이 정치에 대하여 묻자 공자께서 말씀하셨다.

"항상 마음을 국정에 두어서 게을리함이 없으며, 일단 정치를 하는데는 성실로써 다하라."

9

증자왈 군자이문회우 이우보인
曾子曰, '君子以文會友하고 以友輔仁이니라.'

【註釋】

- **以文會友**(이문회우) : 학문과 예의를 존중하는 문화인으로서 같이 만나서 벗이 됨.
- **輔**(보) : 곁에서 도와줌.

【對譯】

증자가 말했다.

"군자는 학문으로 벗과 사귀며, 그 벗이 있음으로써 서로의 인덕을 닦는다."

즉, 벗을 통하여 인간애의 덕을 행하는 데 도움을 얻는 것을 말한 것이다.

10

자공문왈 향인개호지하여
子貢問曰, '鄕人皆好之何如니이꼬.'

자왈 미가야 향인개오지하여
子曰, '未可也니라.' '鄕人皆惡之何如니이꼬.'

자왈 미가야 불여향인지선자 호지
子曰, '未可也니라. 不如鄕人之善者 好之오

기불선자 오지
其不善者 惡之니라.'

【註釋】

鄕 시골　　　향

善 착할　　　선

- 未可也(미가야) : 그것으로서는 안 된다.
- 不如(불여) : 같지 않다.

【對譯】

자공이 물었다.

"마을 사람들이 모두 좋아하면 어떻습니까?"

공자께서 "그것만으로는 좋지 못하다." 하고 말씀하시자, 자공이 "마을 사람들이 모두 미워하면 어떻습니까?" 하고 되물었다. 이에 공자께서 말씀하셨다.

"그래도 좋지 못하다. 마을의 착한 자가 좋아하고, 악한 자가
미워함만 못하다."

즉, 진정한 현자는 고향의 착한 사람들로부터는 존경을 받고,
악한 사람한테서는 미움을 받는다. 그러나 이런 사람이라야 믿
을 수 있는 사람이라는 것이다.

11

> ^헌 ^문 ^치 ^자 ^왈 ^방 ^유 ^도 ^곡
> 憲이 問恥한대 子曰, '邦有道穀하되
>
> ^방 ^무 ^도 ^곡 ^치 ^야
> 邦無道穀이 恥也니라.'

【註釋】

· 憲(헌) : 공자의 제자. 원사(原思). 헌(憲)은 그의 이름.
· 穀(곡) : 녹(祿).

【對譯】

　원헌이 수치에 대하여 묻자, 공자께서 대답하셨다.
　"나라가 정도에 서 있으면 녹(祿)을 먹되, 나라에 정도가 서
지 않았을 때는 녹을 먹음이 수치이다."

12

子曰, '邦有道엔 危言危行하고
邦無道엔 危行言孫이니라.'

【註釋】

• 危(위) : 대담하게 하다.
• 孫(손) : 겸손.

【對譯】

공자께서 말씀하셨다.

"나라에 도가 있을 때는 행동과 말을 대담하게 하지만, 나라에 도가 없을 때는 행실은 대담해도 언행(言行)은 겸손하게 해야 하느니라."

13

子曰, '愛之란 能勿勞乎아.
忠焉이란 能勿誨乎아.'

【註釋】

• 誨(회) : 가르쳐 주다. 깨우쳐 주다.

【對譯】

공자께서 말씀하셨다.
"수고로움을 피하여 사랑할 수 있으랴. 가르침이 없이 충성
할 수 있으랴?"

14

자왈 진문공 휼이부정
子曰, '晋文公은 譎而不正하고

제환공 정이불휼
齊桓公은 正而不譎하니라.'

【註釋】

· 譎(휼) : 농간(弄奸)하다.

【對譯】

공자께서 말씀하셨다.

"진나라 문공은 농간을 부리되 정도(正道)를 취하지 않았고, 제나라 환공은 바름을 취했으되 농간을 부리지 않았다."

즉, 문공은 정도를 외면하고 모략을 위주로 했고, 환공은 권모술수를 별로 쓰지 않고 정도를 따랐다는 점이 그들을 별개의 인물로 취급하게 하는 것이다.

15

증자왈　군자사불출기위
曾子曰, '君子思不出其位니라.'

【註釋】

• 不出其位(불출기위) : 자기의 신분이나 지위 밖으로 벗어나지
　않는 것.

【對譯】

증자가 말했다.
"군자는 생각하는 것이 자기 분수를 넘지 아니한다."

16

子曰, '莫我知也夫인저.'

子貢曰, '何爲其莫知子也이꼬.'

子曰, '不怨天하며 不尤人이오

下學而上達하나니 知我者其天乎인저.'

【註釋】

· 莫我知(막아지) : 나를 알아주지 않음.
· 不怨天(불원천) : 하늘을 원망치 않음.
· 下學而上達(하학이상달) : 밑으로 배워 위로 통달함.

【對譯】

　공자께서 "나를 알아주는 사람이 없구나!" 하고 한탄하시자, 자공이 "어찌 선생님을 알아주는 이가 없다 하십니까?" 하고 위로했다. 이에 공자께서 말씀하셨다.

　"하늘도 원망치 아니하며, 사람도 탓하지 않겠다. 밑으로 배워 위로 통달했으니, 하늘은 나를 알아주신 것이다."

17

子曰, '色厲而內荏을 譬諸小人컨댄 其猶穿窬之盜也與인저.'

【註釋】

• 厲(려) : 자세가 엄함.
• 內荏(내임) : 내심은 유약하다.
• 穿(천) : 벽을 뚫다.
• 窬(유) : 담을 넘다.

【對譯】

　공자께서 말씀하셨다.
　"외모는 위엄 있게 꾸몄으나, 내심이 약하고 비겁한 사람을 소인에 비유커니와 마치 남의 벽을 뚫고 담장을 넘는 좀도둑과 같으니라."

18

孺悲 欲見孔子어늘 孔子 辭以疾하시고

將命者 出戶어늘 取瑟而歌하사

使之聞之하시다.

【註釋】

• 孺悲(유비) : 노인(魯人). 공자의 제자.
• 將命者(장명자) : 말을 전하는 사자.

【對譯】

유비가 공자를 면회하고자 했으나, 공자께서 몸이 아프다고 거절했다. 그러나 말을 전할 사자가 문으로 나가자, 공자께서 거문고를 타고 노래하여 그에게 들려주었다.

즉, 공자는 가끔 이러한 냉정한 행동으로 사람을 스스로 깨닫게 하는 방법을 취했다는 것이다.

19

子張曰, '士見危致命하며 見得思義하며

祭思敬하며 喪思哀면 其可已矣니라.'

【註釋】

• 致命(치명) : 생명을 내맡김.
• 可已(가이) : 비로소 족하다고 할 수 있다.

【對譯】

자장이 말했다.

"선비는 위태로움을 보면 목숨을 내걸고, 얻음을 보면 도의를 생각하고, 제사 때는 경건히 하고, 장사 때에 애통하면 비로소 족하다고 하겠다."

즉, 선비라면 꼭 그렇게 행해야 한다는 것이다.

20

子夏曰, '博學而篤志하며

切問而近思하면 仁在其中矣니라.'

【註釋】

- 切問(절문) : 깊이 파고 묻는 것.
- 近思(근사) : 자기가 능히 할 수 있는 일부터 생각함.

【對譯】

자하가 말했다.

"널리 배워서 뜻을 독실하게 하며, 간절히 묻고 가까운 것부터 생각하면 그런 가운데에 저절로 인(仁)이 있다."

부록

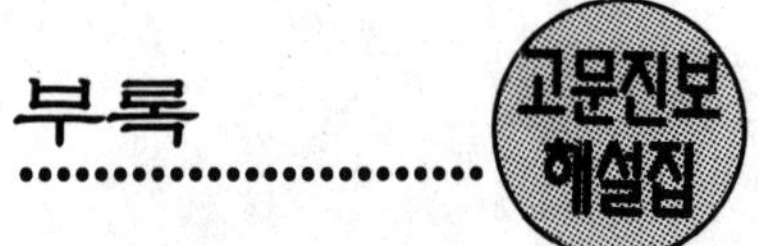

土亭秘訣(토정비결)

토정비결(土亭秘訣)이란 조선(朝鮮) 선조(宣祖) 때 호(號)가 토정(土亭)인 이지함 선생이 직접 창작한 신수비결이라 해서 그분의 호를 붙여 '토정비결'이라 일컬어진다.

이 토정비결은 예나 지금이나 남녀노소 할 것 없이 다 흥미를 가지고 있다. 그래서 많은 사람들이 이 예언서를 그 어떤 점술서보다도 신뢰하고 미래 일에 대해서 참작하고 있다.

1 토정비결 조견표(早見表)

　누구나 빨리 쉽게 볼 수 있도록 다음과 같이 1997년(丁丑年)부터 2002년(壬午年)까지 6년분에 대한 조견표를 작성하였으니 참고하기 바란다.

　이 조견표를 이용하는 방법은 다음과 같다.

　먼저 상괘에서 토정비결을 보고자 하는 사람의 나이(만 나이가 아님)를 찾아 그 옆의 숫자를 확인하고 중괘에서는 태어난 달(月)을 찾아 역시 그 옆의 숫자를 확인하며 하괘에서는 태어난 달(月)과 날(日)을 직각으로 내리그은 다음 두 선이 만나는 지점의 숫자를 확인한다.

　그리고 그 동안 상괘·중괘·하괘에서 도출해 낸 숫자를 일렬로 나열한 다음 그 번호에 해당되는 풀이를 p. 215~220에 걸쳐 찾으면 된다.

　예를 들어 1972년 6월 13일에 태어난 사람의 올해 토정비결을 살펴보자. 〔표-1〕의 상괘에서 26살에 해당되는 숫자가 5이고, 중괘에서는 6월에 해당되는 숫자는 1, 6월 13일에 태어났으므로 하괘는 1이 된다. 그러므로 상괘·중괘·하괘에서 도출해 낸 숫자를 일렬로 나열하면 511이 되므로 258p.에서 511에 해당되는 풀이를 찾으면 된다.

〔표 - 1〕 1997(丁丑)년 토정비결 작괘 조견표

상괘	1세 4	2세 5	3세 6	4세 7	5세 8	6세 1	7세 2	8세 3	9세 4	10세 5
	11세 6	12세 7	13세 8	14세 1	15세 2	16세 3	17세 4	18세 5	19세 6	20세 7
	21세 8	22세 1	23세 2	24세 3	25세 4	26세 5	27세 6	28세 7	29세 8	30세 1
	31세 2	32세 3	33세 4	34세 5	35세 6	36세 7	37세 8	38세 1	39세 2	40세 3
	41세 4	42세 5	43세 6	44세 7	45세 8	46세 1	47세 2	48세 3	49세 4	50세 5
	51세 6	52세 7	53세 8	54세 1	55세 2	56세 3	57세 4	58세 5	59세 6	60세 7
	61세 8	62세 1	63세 2	64세 3	65세 4	66세 5	67세 6	68세 7	69세 8	70세 1
	71세 2	72세 3	73세 4	74세 5	75세 6	76세 7	77세 8	78세 1	79세 2	80세 3

중괘	정월 6	2월 4	3월 2	4월 5	5월 4	6월 1	7월 6	8월 3	9월 6	10월 5	11월 3	12월 6

하괘

월＼일	1	2	3	4	5	6	7	8	9	10	11	12	13	14	15	16	17	18	19	20	21	22	23	24	25	26	27	28	29	30
정월	3	3	1	2	2	3	1	1	2	2	2	2	1	3	1	3	3	1	1	1	3	3	3	2	1	1	2	1	3	
2월	2	3	3	2	1	1	1	3	3	3	2	2	3	1	3	2	2	2	2	3	3	1	3	3	3	1	1	3	3	
3월	3	3	2	2	3	1	1	2	3	3	1	1	1	1	3	2	3	2	2	3	3	3	2	2	2	1	3	3	1	3
4월	2	3	1	1	3	2	2	2	1	1	1	3	3	1	2	1	3	3	3	3	1	1	2	1	1	1	2	2	1	
5월	2	1	1	3	3	1	2	2	3	1	1	2	2	2	2	1	3	1	3	3	1	1	1	3	3	3	2	1	1	2
6월	1	3	1	2	2	1	3	3	3	2	2	2	1	1	2	3	2	1	1	1	1	2	2	3	2	2	2	3	3	
7월	3	3	2	2	1	1	2	3	3	1	2	2	3	3	3	3	2	1	2	1	1	2	2	2	1	1	1	3	2	2
8월	3	2	1	2	3	3	2	1	1	1	3	3	3	2	2	3	1	3	2	2	2	2	3	3	1	3	3	3	1	1
9월	3	3	2	2	1	1	2	3	3	1	2	2	3	3	3	3	2	1	2	1	1	2	2	2	1	1	1	3	2	
10월	3	1	3	2	3	1	1	3	2	2	2	1	1	1	3	3	1	2	1	3	3	3	3	1	1	2	1	1	1	2
11월	2	1	1	3	3	2	2	3	1	1	2	3	3	1	1	1	1	3	2	3	2	2	3	3	3	2	2	2	1	3
12월	3	1	3	2	3	1	1	3	2	2	2	1	1	1	3	3	1	2	1	3	3	3	3	1	1	2	1	1	1	

〔표-2〕 1998(戊寅)년 토정비결 작괘 조견표

상괘										
	1세 8	2세 1	3세 2	4세 3	5세 4	6세 5	7세 6	8세 7	9세 8	10세 1
	11세 2	12세 3	13세 4	14세 5	15세 6	16세 7	17세 8	18세 1	19세 2	20세 3
	21세 4	22세 5	23세 6	24세 7	25세 8	26세 1	27세 2	28세 3	29세 4	30세 5
	31세 6	32세 7	33세 8	34세 1	35세 2	36세 3	37세 4	38세 5	39세 6	40세 7
	41세 8	42세 1	43세 2	44세 3	45세 4	46세 5	47세 6	48세 7	49세 8	50세 1
	51세 2	52세 3	53세 4	54세 5	55세 6	56세 7	57세 8	58세 1	59세 2	60세 3
	61세 4	62세 5	63세 6	64세 7	65세 8	66세 1	67세 2	68세 3	69세 4	70세 5
	71세 6	72세 7	73세 8	74세 1	75세 2	76세 3	77세 4	78세 5	79세 6	80세 7

중괘	정월 4	2월 1	3월 5	4월 4	5월 1	윤5월 1	6월 5	7월 3	8월 6	9월 5	10월 3	11월 6	12월 3

하괘

월\일	1	2	3	4	5	6	7	8	9	10	11	12	13	14	15	16	17	18	19	20	21	22	23	24	25	26	27	28	29	30
정월	3	3	2	2	1	1	3	3	1	2	2	3	1	1	2	2	2	2	1	3	1	3	3	1	1	1	3	3	3	2
2월	1	1	2	1	3	1	2	2	1	3	3	3	2	2	2	1	1	2	3	2	1	1	1	1	2	2	3	2	2	
3월	3	1	1	3	3	2	2	1	1	2	3	3	1	2	2	3	3	3	3	2	1	2	1	1	2	2	2	1	1	
4월	2	1	3	3	1	3	2	3	1	1	3	2	2	2	1	1	1	3	3	1	2	1	3	3	3	3	1	1	2	1
5월	1	1	2	2	1	1	3	3	2	2	3	1	1	2	3	3	1	1	1	1	3	2	3	2	2	3	3	3	2	
윤5월	3	3	2	1	1	2	1	3	1	2	2	1	3	3	3	2	2	2	1	1	2	3	2	1	1	1	1	2	2	
6월	1	3	3	3	1	1	3	3	2	2	1	1	2	3	3	1	2	2	3	3	3	3	2	1	2	1	1	2	2	2
7월	1	1	1	3	2	2	3	2	1	2	3	3	2	1	1	1	3	3	3	2	2	3	1	3	2	2	2	2	3	3
8월	1	3	3	3	1	1	3	3	2	2	1	1	2	3	3	1	2	2	3	3	3	3	2	1	2	1	1	2	2	
9월	3	2	2	2	1	3	3	1	3	2	3	1	1	3	2	2	2	1	1	1	3	3	1	2	1	3	3	3	3	1
10월	1	2	1	1	1	2	2	1	1	3	3	2	2	3	1	1	2	3	3	1	1	1	1	3	2	3	2	2	3	3
11월	3	2	2	2	1	3	3	1	3	2	3	1	1	3	2	2	2	1	1	1	3	3	1	2	1	3	3	3	3	1
12월	1	2	1	1	1	2	2	1	1	3	3	2	2	3	1	1	2	3	3	1	1	1	1	3	2	3	2	2	3	

〔표-3〕1999(己卯)년 토정비결 작괘 조견표

상괘

1세 4	2세 5	3세 6	4세 7	5세 8	6세 1	7세 2	8세 3	9세 4	10세 5
11세 6	12세 7	13세 8	14세 1	15세 2	16세 3	17세 4	18세 5	19세 6	20세 7
21세 8	22세 1	23세 2	24세 3	25세 4	26세 5	27세 6	28세 7	29세 8	30세 1
31세 2	32세 3	33세 4	34세 5	35세 6	36세 7	37세 8	38세 1	39세 2	40세 3
41세 4	42세 5	43세 6	44세 7	45세 8	46세 1	47세 2	48세 3	49세 4	50세 5
51세 6	52세 7	53세 8	54세 1	55세 2	56세 3	57세 4	58세 5	59세 6	60세 7
61세 8	62세 1	63세 2	64세 3	65세 4	66세 5	67세 6	68세 7	69세 8	70세 1
71세 2	72세 3	73세 4	74세 5	75세 6	76세 7	77세 8	78세 1	79세 2	80세 3

중괘

정월 2	2월 5	3월 3	4월 1	5월 4	6월 2	7월 1	8월 4	9월 2	10월 6	11월 4	12월 1

하괘

월＼일	1	2	3	4	5	6	7	8	9	10	11	12	13	14	15	16	17	18	19	20	21	22	23	24	25	26	27	28	29	30
정월	1	1	3	3	3	2	1	1	2	1	3	1	2	2	1	3	3	3	2	2	2	1	1	2	3	2	1	1	1	1
2월	2	2	3	2	2	2	3	3	2	2	1	1	3	3	1	2	2	3	1	1	2	2	2	2	1	3	1	3	3	
3월	2	2	2	1	1	1	3	2	2	3	2	1	2	3	3	2	1	1	1	3	3	3	2	2	3	1	3	2	2	
4월	3	3	1	1	2	1	1	1	2	2	1	1	3	3	2	2	3	1	1	2	3	3	1	1	1	1	3	2	3	2
5월	2	3	3	3	2	2	2	1	3	3	1	3	2	3	1	1	3	2	2	2	1	1	1	3	3	1	2	1	3	
6월	1	1	1	2	2	3	2	2	2	3	3	2	2	1	1	3	3	1	2	2	3	1	1	2	2	2	2	1	3	
7월	2	1	1	2	2	2	1	1	1	3	2	2	3	2	1	2	3	3	2	1	1	1	3	3	3	2	2	3	1	3
8월	2	2	2	2	3	3	1	3	3	3	1	1	3	3	2	2	1	1	2	3	3	1	2	2	3	3	3	3	2	
9월	2	3	2	2	3	3	3	2	2	2	1	3	3	1	3	2	3	1	1	3	2	2	2	1	1	1	3	3	1	2
10월	1	3	3	3	3	1	1	2	1	1	1	2	2	1	1	3	3	2	2	3	1	1	2	3	3	1	1	1	1	3
11월	2	3	2	2	3	3	3	2	2	2	1	3	3	1	3	2	3	1	1	3	2	2	2	1	1	1	3	3	1	2
12월	1	3	3	3	3	1	1	2	1	1	1	2	2	1	1	3	3	2	2	3	1	1	2	3	3	1	1	1	1	

〔표-4〕 2000(庚辰)년 토정비결 작괘 조견표

상괘										
	1세 6	2세 7	3세 8	4세 1	5세 2	6세 3	7세 4	8세 5	9세 6	10세 7
	11세 8	12세 1	13세 2	14세 3	15세 4	16세 5	17세 6	18세 7	19세 8	20세 1
	21세 2	22세 3	23세 4	24세 5	25세 6	26세 7	27세 8	28세 1	29세 2	30세 3
	31세 4	32세 5	33세 6	34세 7	35세 8	36세 1	37세 2	38세 3	39세 4	40세 5
	41세 6	42세 7	43세 8	44세 1	45세 2	46세 3	47세 4	48세 5	49세 6	50세 7
	51세 8	52세 1	53세 2	54세 3	55세 4	56세 5	57세 6	58세 7	59세 8	60세 1
	61세 2	62세 3	63세 4	64세 5	65세 6	66세 7	67세 8	68세 1	69세 2	70세 3
	71세 4	72세 5	73세 6	74세 7	75세 8	76세 1	77세 2	78세 3	79세 4	80세 5

중괘	정월 6	2월 3	3월 6	4월 4	5월 3	6월 6	7월 3	8월 2	9월 5	10월 4	11월 2	12월 4

하괘

월＼일	1	2	3	4	5	6	7	8	9	10	11	12	13	14	15	16	17	18	19	20	21	22	23	24	25	26	27	28	29	30
정월	1	3	1	3	3	1	1	1	3	3	3	2	1	1	2	1	3	1	2	2	1	3	3	3	2	2	2	1	1	1
2월	3	2	1	1	1	1	2	2	3	2	2	2	3	3	2	2	1	1	3	3	1	2	2	3	1	1	2	2	2	
3월	1	3	1	3	3	1	1	1	3	3	3	2	1	1	2	1	3	1	2	2	1	3	3	3	2	2	2	1	1	
4월	3	1	3	2	2	2	2	3	3	1	3	3	3	1	1	3	3	2	2	1	1	2	3	3	1	2	2	3	3	
5월	1	1	3	2	3	2	2	3	3	3	2	2	2	1	3	3	1	3	2	3	1	1	3	2	2	2	1	1	1	3
6월	3	1	2	1	3	3	3	3	1	1	2	1	1	1	2	2	1	1	3	3	2	2	3	1	1	2	3	3	1	
7월	2	2	2	1	3	1	3	3	1	1	1	3	3	3	2	1	1	2	1	3	1	2	2	1	3	3	3	2	2	
8월	3	2	2	3	1	3	2	2	2	2	3	3	1	3	3	3	1	1	3	3	2	2	1	1	2	3	3	1	2	2
9월	3	3	3	3	2	1	2	1	1	2	2	2	1	1	1	3	2	2	3	2	1	2	3	3	2	1	1	1	3	
10월	1	1	3	3	1	2	1	3	3	3	3	1	1	2	1	1	1	2	2	1	1	3	3	2	2	3	1	1	2	3
11월	3	1	1	1	1	3	2	3	2	2	3	3	3	2	2	2	1	3	3	1	3	2	3	1	1	3	2	2	2	1
12월	1	1	3	3	1	2	1	3	3	3	3	1	1	2	1	1	1	2	2	1	1	3	3	2	2	3	1	1	2	

(상괘·중괘·하괘의 세로 구분)

〔표-5〕 2001(辛巳)년 토정비결 작괘 조견표

상괘																			
1세	1	2세	2	3세	3	4세	4	5세	5	6세	6	7세	7	8세	8	9세	1	10세	2
11세	3	12세	4	13세	5	14세	6	15세	7	16세	8	17세	1	18세	2	19세	3	20세	4
21세	5	22세	6	23세	7	24세	8	25세	1	26세	2	27세	3	28세	4	29세	5	30세	6
31세	7	32세	8	33세	1	34세	2	35세	3	36세	4	37세	5	38세	6	39세	7	40세	8
41세	1	42세	2	43세	3	44세	4	45세	5	46세	6	47세	7	48세	8	49세	1	50세	2
51세	3	52세	4	53세	5	54세	6	55세	7	56세	8	57세	1	58세	2	59세	3	60세	4
61세	5	62세	6	63세	7	64세	8	65세	1	66세	2	67세	3	68세	4	69세	5	70세	6
71세	7	72세	8	73세	1	74세	2	75세	3	76세	4	77세	5	78세	6	79세	7	80세	8

중괘	정월 3	2월 1	3월 5	4월 2	윤4월 2	5월 6	6월 3	7월 1	8월 6	9월 3	10월 1	11월 4	12월 3

하괘

월＼일	1	2	3	4	5	6	7	8	9	10	11	12	13	14	15	16	17	18	19	20	21	22	23	24	25	26	27	28	29	30
정월	1	1	2	2	2	2	1	3	1	3	3	1	1	1	3	3	3	2	1	1	2	1	3	1	2	2	1	3	3	3
2월	2	2	2	1	1	2	3	2	1	1	1	1	2	2	3	2	2	2	3	3	2	2	1	1	3	3	1	2	2	3
3월	1	1	2	2	2	2	1	3	1	3	3	1	1	1	3	3	3	2	1	1	2	1	3	1	2	2	1	3	3	3
4월	2	2	2	1	1	2	3	2	1	1	1	1	2	2	3	2	2	2	3	3	2	2	1	1	3	3	1	2	2	
윤4월	1	2	2	3	3	3	3	2	1	2	1	1	2	2	2	1	1	1	3	2	2	3	2	1	2	3	3	2	1	
5월	2	2	1	1	1	3	3	1	2	1	3	3	3	3	1	1	2	1	1	1	2	2	1	1	3	3	2	2	3	1
6월	1	2	3	3	1	1	1	1	3	2	3	2	2	3	3	3	2	2	2	1	3	3	1	3	2	3	1	1	3	
7월	3	3	3	2	2	2	1	1	2	3	2	1	1	1	1	2	2	3	2	2	2	3	3	2	2	1	1	3	3	
8월	2	3	3	1	2	2	3	3	3	3	2	1	2	1	1	2	2	2	1	1	1	3	2	2	3	2	1	2	3	3
9월	2	1	1	1	3	3	3	2	2	3	1	3	2	2	2	2	3	3	1	3	3	3	1	1	3	3	2	2	1	
10월	2	3	1	1	2	3	3	1	1	1	1	3	2	3	2	2	3	3	3	2	2	2	1	3	3	1	3	2	3	1
11월	1	3	2	2	2	1	1	1	3	3	1	2	1	3	3	3	3	1	1	2	1	1	1	2	2	1	1	3	3	
12월	3	3	1	2	2	3	1	1	2	2	2	2	1	3	1	3	3	1	1	1	3	3	3	2	1	1	2	1	3	1

〔표-6〕 2002(壬午)년 토정비결 작괘 조견표

상·하괘										
상 괘	1세 8	2세 1	3세 2	4세 3	5세 4	6세 5	7세 6	8세 7	9세 8	10세 1
	11세 2	12세 3	13세 4	14세 5	15세 6	16세 7	17세 8	18세 1	19세 2	20세 3
	21세 4	22세 5	23세 6	24세 7	25세 8	26세 1	27세 2	28세 3	29세 4	30세 5
	31세 6	32세 7	33세 8	34세 1	35세 2	36세 3	37세 4	38세 5	39세 6	40세 7
	41세 8	42세 1	43세 2	44세 3	45세 4	46세 5	47세 6	48세 7	49세 8	50세 1
	51세 2	52세 3	53세 4	54세 5	55세 6	56세 7	57세 8	58세 1	59세 2	60세 3
	61세 4	62세 5	63세 6	64세 7	65세 8	66세 1	67세 2	68세 3	69세 4	70세 5
	71세 6	72세 7	73세 8	74세 1	75세 2	76세 3	77세 4	78세 5	79세 6	80세 7

중괘	정월 1	2월 5	3월 1	4월 6	5월 3	6월 2	7월 5	8월 2	9월 1	10월 4	11월 3	12월 6

하괘

월\일	1	2	3	4	5	6	7	8	9	10	11	12	13	14	15	16	17	18	19	20	21	22	23	24	25	26	27	28	29	30
정월	2	2	1	3	3	3	2	2	2	1	1	2	3	2	1	1	1	1	2	2	3	2	2	2	3	3	2	2	1	1
2월	3	3	1	2	2	3	1	1	2	2	2	2	1	3	1	3	3	1	1	1	3	3	3	2	1	1	2	1	3	1
3월	2	2	1	3	3	3	2	2	2	1	1	2	3	2	1	1	1	1	2	2	3	2	2	2	3	3	2	2	1	
4월	2	1	1	2	3	3	1	2	2	3	3	3	3	2	1	2	1	1	2	2	2	1	1	1	3	2	2	3	2	1
5월	2	3	3	2	1	1	1	3	3	3	2	2	3	1	3	2	2	2	2	3	3	1	3	3	3	1	1	3	3	
6월	3	3	2	2	3	1	1	2	3	3	1	1	1	1	3	2	3	2	2	3	3	3	2	2	2	1	3	3	1	3
7월	2	3	1	1	3	2	2	2	1	1	1	3	3	1	2	1	3	3	3	3	1	1	2	1	1	1	2	2	1	
8월	2	1	1	3	3	1	2	2	3	1	1	2	2	2	2	1	3	1	3	3	1	1	1	3	3	3	2	1	1	
9월	3	2	1	2	3	3	2	1	1	1	3	3	3	2	2	3	1	3	2	2	2	2	3	3	1	3	3	3	1	1
10월	3	3	2	2	1	1	2	3	3	1	2	2	3	3	3	3	2	1	2	1	1	2	2	2	1	1	1	3	2	
11월	3	1	3	2	3	1	1	3	2	2	2	1	1	1	3	3	1	2	1	3	3	3	3	1	1	2	1	1	1	2
12월	2	1	1	3	3	2	2	3	1	1	2	3	3	1	1	1	1	3	2	3	2	2	3	3	3	2	2	2	1	

111

【괘상】 東風解凍 동풍에 꽁꽁 언 것이 풀리니

枯木逢春 마른나무가 봄을 만나 생기가 돋는다.

君謀大事 큰일이라도 성공이 가능하니

何必疑慮 의심을 버리고 진행하라.

【해설】 엉켜진 매듭이 풀리고 희망 찬 해를 맞는다. 그러므로 새로운 계획을 세워 진행하라.

112

【괘상】 望月圓滿 보름달이 한껏 둥글면

更有虧時 다시 이지러질 때가 있다.

家有憂苦 집안에 근심·고난이 있으며

不然損財 그렇지 않으면 손재한다.

【해설】 현재가 좋은 운이라 더이상 발전이 없고 쇠운의 징조를 암시한다.

113

【괘상】 鶯上柳枝 (앵상유지)　꾀꼬리가 버들가지에 오르니

片片黃金 (편편황금)　조각조각이 황금이로다.

今年之數 (금년지수)　금년의 운수는

移徙則吉 (이사즉길)　집을 옮겨 살면 더욱 좋다.

【해설】 소원이 이루어지고 장사를 하면 이익을 얻는다.

121

【괘상】 雲散月出 (운산월출)　구름이 개고 달이 나오니

天地明朗 (천지명랑)　천지가 밝다.

東園桃李 (동원도리)　동원의 도화와 이화는

逢時爛漫 (봉시난만)　때를 만나 활짝 피었다.

【해설】 근심 걱정이 없어 바둑 등으로 여가를 즐길 수 있다.

122

【괘상】　事多虛妄　　일에 허망됨이 많으니
　　　　　徒費心力　　한갓 노력만 허비할 뿐이다.
　　　　　毫厘之差　　터럭 끝만한 오차가 생겨
　　　　　千里之謬　　나중엔 천리나 어긋난다.

【해설】　노력한 보람이 없이 허망한 일만 당한다.

123

【괘상】　有志未就　　뜻을 이루지 못하니
　　　　　身數奈何　　신수 탓이라 어찌하랴.
　　　　　莫信親人　　친한 사람을 다 믿지 마라.
　　　　　表裏不同　　그는 겉과 속이 다르다.

【해설】　공연히 친절하게 접근하는 사람을 주의해야 한다.

131

【괘상】	분외지사 **分外之事**	분수에 넘치는 일에 손대면
	유해무익 **有害無益**	오직 손해만 본다.
	삼춘지수 **三春之數**	1, 2, 3월의 운수는
	물모타영 **勿謀他營**	다른 경영을 하지 마라.

【해설】 잠시 하던 일을 멈추거나 진행 중인 일이라도 현상 유지에 힘써야 한다.

132

【괘상】	초록강변 **草綠江邊**	강변의 풀이 푸르르니
	욱욱청청 **郁郁靑靑**	그 생기가 발랄하다.
	갈용음수 **渴龍飮水**	목마른 용이 물을 마시게 되니
	일약등천 **一躍登天**	한 번에 뛰어 하늘에 오른다.

【해설】 불황이 있더라도 이에 구애되지 않고 발전한다.

133

【괘상】 **周遊四方** (주유사방) 사방으로 돌아다니는 것이

心神自安 (심신자안) 차라리 마음 편하다.

雪滿窮巷 (설만궁항) 눈이 골짜기에 가득 쌓이니

孤松獨立 (고송독립) 한 그루 소나무만 우뚝하다.

【해설】 마음 붙일 곳이 없어 방황하는 상태로 가장 소중한 것을 잃게 된다.

141

【괘상】 **萬頃蒼波** (만경창파) 파도 치는 넓은 바다에

一葉片舟 (일엽편주) 나뭇잎에 불과한 조각배로다.

今年之中 (금년지중) 금년 내로

一次遠行 (일차원행) 한 차례 외국 여행을 하게 된다.

【해설】 어려움에 처해도 구원해 주는 사람이 없다. 금전 거래상의 말썽이 생겨 마음 편할 날이 없다.

142

【괘상】 陰谷回春 (음곡회춘) 그늘진 골짜기에 봄이 오니

萬物皆生 (만물개생) 만물이 발생한다.

百人作之 (백인작지) 백 사람이 함께 농사를 지으니

年祿長久 (연록장구) 얻는 소득이 꾸준하다.

【해설】 곤궁에 빠졌던 사람도 이곳저곳에서 귀인이 나타나 광명을 찾게 된다.

143

【괘상】 夜雨行人 (야우행인) 밤비 속에 걷는 사람이

進退苦苦 (진퇴고고) 나아갈 수도 물러설 수도 없다.

莫嘆困厄 (막탄곤액) 곤고한 액을 탄식 마라.

年末解之 (연말해지) 금년 말에는 풀리게 된다.

【해설】 생각지 않은 불운이 겹쳐 허탈한 상태.

151

【괘상】 緣木求魚 나무에서 고기를 구하는 격이니
연목구어

事事多滯 일마다 되는 일이 없다.
사사다체

人不助我 사람이 나를 돕지 않으니
인불조아

新謀不成 새로운 계획은 이루지 못한다.
신모불성

【해설】 한마디로 되는 일이 없다. 남들에게는 일이 잘 풀려나
가더라도 당신은 절대 손대면 안 된다.

152

【괘상】 火及棟樑 불이 들보에 붙었으나
화급동량

燕雀何知 제비·참새는 그것을 모른다.
연작하지

事有多滯 일마다 막힘이 많으니
사유다체

虛度光陰 세월만 헛되이 보낸다.
허도광음

【해설】 급박한 위험이 곧 닥쳐올 것 같은 기미가 보이는데도
본인은 그것을 모르니 딱한 일이다. 금년의 운은 매우

불안하다.

153

【괘상】

年雖値凶   남들은 다 흉년을 만났어도
연 수 치 흉

飢者逢豊   나는 풍년 농사를 지었다.
기 자 봉 풍

培其根本   그 근본부터 착실히 다지면
배 기 근 본

達其枝葉   결과는 자연이 좋아진다.
달 기 지 엽

【해설】 남이 안 되는 일도 당신은 이상하리만큼 잘되어 갈 것
이다. 금전적인 문제를 해결할 기회가 온다.

161

【괘상】

春雨霏霏   알맞게 오는 봄비 속에
춘 우 비 비

一枝梅花   한 가지 매화가 활짝 피었다.
일 지 매 화

運數大吉   운수가 대길하니
운 수 대 길

所望如意   바라는 일이 이루어진다.
소 망 여 의

【해설】 명예나 인기를 얻고자 하는 사람에게는 기회가 온다.
그러나 타인과 동업하지 말아야 한다.

162

【괘상】
夏雲起處 여름 구름이 일어나는 곳에
하 운 기 처

魚龍浴水 고기와 용이 물에서 논다.
어 룡 욕 수

勿貪非理 이치 밖의 것을 탐내지 마라.
물 탐 비 리

恐惑訟事 혹 송사가 일어날까 두렵다.
공 혹 송 사

【해설】 자기 신분에 벗어나는 일을 행한다면 망신을 당한다.
정신적 갈등이 있더라도 참고 기다리면 좋은 기회가 올
것이다.

163

【괘상】
先困後泰 봄·여름은 운이 나빠도 끝내는
선 곤 후 태

財官兩得 길하므로 재물이나 관직이 다 좋다.
재 관 양 득

若無是非 남과 다투지 않으면
약 무 시 비

간혹구설
間或口舌　까닭 없는 구설을 듣는다.

【해설】 봄·여름은 나쁘고, 가을부터 운세가 회복된다. 질병 중에는 서둘러 병원을 찾고 치료에 힘써야 한다.

211

【괘상】
주경야독
晝耕夜讀　낮에는 농사짓고 밤에는 글을 읽으며

금의환향
錦衣還鄕　급제하여 비단옷 입고 고향에 간다.

근로이후
勤勞以後　부지런히 노력한 뒤라야

수복자래
壽福自來　수복이 자연히 온다.

【해설】 노력한 만큼 소득이 있으면 만족하라. 열심히 노력하면 반드시 성공하는 운세이다.

212

【괘상】
금입연로
金入鍊爐　쇠가 용광로에 들어가니

종성대기
終成大器　마침내 큰 그릇이 된다.

초 수 곤 고
初雖困苦 처음은 곤액이 있으나

입 신 양 명
立身揚名 뜻을 세워 이름을 드날린다.

【해설】 끊임없이 노력한 사람이라면 금년에 크게 성공한다.

213

낙 극 생 비
【괘상】 **樂極生悲** 환락이 다하면 슬픔이 생기나니

유 비 무 환
有備無患 미리 준비하면 근심이 없다.

재 수 평 길
財數平吉 재수는 나쁘지 않으나

입 수 즉 출
入手則出 돈이 들어오기 바쁘게 나간다.

【해설】 태만과 안일한 생각으로 평지풍파를 일으킨다. 좋은 운
에 절약하고 궁할 때를 생각하는 슬기가 필요하다.

221

약 불 이 사
【괘상】 **若不移徙** 이사하는 게 좋다.

재 액 중 중
災厄重重 그렇지 않으면 나쁜 일이 거듭 생긴다.

초 목 봉 상
草木逢霜　　초목이 서리를 만났으니

하 망 성 취
何望成就　　어찌 성취하기를 바라리오.

【해설】 운이 불리할 때는 평소에 없던 욕심도 생겨나고 지혜
도 가려지게 된다. 분수를 지킨다는 마음으로 살아가야
한다.

222

청 천 백 일
【괘상】 **靑天白日**　　맑고 맑은 낮에

음 우 몽 몽
陰雨濛濛　　갑자기 흐려지며 궂은비가 내린다.

욕 비 무 익
欲飛無翼　　날고자 해도 날개가 없고

정 중 절 족
鼎重折足　　솥이 무거워 다리가 부러진다.

【해설】 '마른하늘에 날벼락'이라는 말이 있다. 즉, 예상하지 않
았던 재난이 일어난다는 뜻이다. 그러나 누구 하나 구
원해 주는 사람은 없다.

223

【괘상】　一枝花凋　한 가지는 꽃이 시들고
（일지화조）

一枝花開　한 가지는 꽃이 피었다.
（일지화개）

喜憂相半　기쁨과 근심이 반반이니
（희우상반）

吉凶難分　길인지 흉인지 구분 못 한다.
（길흉난분）

【해설】　한 번 좋고 한 번 나쁜 것은 당연한 이치라 하겠다. 처음은 고난을 겪게 된다 해도 나중에는 요행이 따른다.

231

【괘상】　勿爲遲滯　지체하지 말고
（물위지체）

速圖有利　기회라 생각되거든 과감히 착수하라.
（속도유리）

幸逢貴人　행여 귀인을 만나거든
（행봉귀인）

勿失好機　놓치지 말고 소원을 부탁하라.
（물실호기）

【해설】　기회가 오면 망설이지 말고 용단을 내리면 후회가 없다. 분수에 맞는 일이라면 사소한 이익을 자주 얻을 것

이다.

232

【괘상】 夜逢山君 (야봉산군) 밤에 범을 만났으니

進退兩難 (진퇴양난) 오도 가도 못 한다.

勿爲妄動 (물위망동) 모험성 있는 일은 손대지 마라.

必有失敗 (필유실패) 반드시 실패한다.

【해설】 큰 재앙은 없으나 간간이 어려운 일에 봉착한다. 그러므로 끝마무리를 못 하게 될 가능성이 있다.

233

【괘상】 出家逢貴 (출가봉귀) 집을 나가 귀인을 만나니

必是成功 (필시성공) 반드시 성공하게 될 것이다.

或有官災 (혹유관재) 혹 관재수가 있으니

莫信人言 (막신인언) 남의 말에 휩쓸리지 마라.

【해설】 성공에 절대적인 요소를 얻게 될 것이다. 즉, 상서로운 일이 거듭 나타날 징조가 보이는 괘이다.

241

【괘상】 居家不安　　집에 머물면 편치 못하고

出他心閒　　집을 나서면 편안하다.

露下天高　　이슬 내리는 가을철에

秋扇無用　　때 지난 부채가 쓸모 없지 않은가.

【해설】 적당한 때에 멀리 여행을 하는 것도 좋다.

242

【괘상】 雖有過咎　　잘못한 일이 있거든

改之爲吉　　즉시 고치면 좋은 결과가 온다.

東隣有友　　평소 친하던 사람이

不如西隣　　도리어 덜 친한 사람만 못하다.

【해설】 운세가 강성하지 못하므로 차라리 남의 뒤를 따르는 게
무난할 것이다.

243

【괘상】
傳相告引 　서로 헐뜯고 고발하다가
罪及念外 　숨겨졌던 죄까지 드러난다.
勿貪分外 　분수 밖의 것을 탐내지 마라.
安靜無事 　가만히 있으면 아무 탈이 없다.

【해설】 타인과 다투지 말고 참아야 하며, 욕심을 부려서도 안
된다.

251

【괘상】
推車上山 　수레를 밀고 산에 오르니
力不能任 　힘을 유지하지 못한다.
虛荒之事 　허황된 일만
勿爲行之 　하지 마라.

【해설】 가능성이 희박한 일에 손댔다가 큰 손해를 당할 우려가 있다.

252

【괘상】

양호상쟁
兩虎相爭 두 마리의 범이 싸우는 사이에

이재렵부
利在獵夫 사냥꾼만 재미를 본다.

호사유마
好事有魔 좋은 일에 마가 있으니

불여무초
不如無初 처음부터 없는 것만 못하다.

【해설】 마음이 상한다 해서 화풀이를 하면 엉뚱한 사람에게 이익이 돌아간다.

253

【괘상】

군명신현
君明臣賢 임금은 밝고, 신하는 착하니

상하상화
上下相和 상하 모두가 화합한다.

방득길운
方得吉運 바야흐로 좋은 운을 만나

진재진명
進財振名 재물이 늘고, 이름을 떨친다.

【해설】 윗사람이 당신의 능력을 최대로 평가해서 등용한다.
즉, 실력을 꾸준히 쌓은 사람은 반드시 출세할 기회가
온다.

261

천리타향
【괘상】 千里他鄉　　천리 타향에서

희봉고인
喜逢故人　　반가운 사람을 만난다.

두삽계화
頭揷桂花　　머리에 월계관을 썼으니

명괘과장
名卦科場　　이름이 과거 시험장에 붙었다.

【해설】 지난날의 쓴맛을 되새기며 기뻐하는 모습. 귀인의 도움
이 있다.

262

친인기아
【괘상】 親人欺我　　친한 사람에게 속임을 당한다.

신즉무해
愼則無害　　그러나 조심하면 상관없다.

삼년불우
三年不雨　　삼 년간 가뭄이 드니

_{연 사 가 지}
年事可知 흉년임을 알 수 있다.

【해설】 마음이 급해서 억지로 행하면 더욱 곤경에 빠진다.

263

【괘상】 **種瓜得瓜** 오이를 가꾸면 오이를 얻고
_{종 과 득 과}

種豆得豆 콩을 심으면 콩을 얻는다.
_{종 두 득 두}

淸風明月 맑은 바람, 밝은 달에
_{청 풍 명 월}

獨坐叩盆 홀로 앉아 동이를 두드린다.
_{독 좌 고 분}

【해설】 가정 불화의 징조가 있으므로 조심해야 한다. 참고 이해하는 것만이 상책이다.

311

【괘상】 **忙忙歸客** 갈 길 바쁜 사람이
_{망 망 귀 객}

臨津無船 강가에 이르렀으나 건널 배가 없다.
_{임 진 무 선}

待時而行 적당한 때를 기다리라.
_{대 시 이 행}

물 위 망 동
勿爲妄動　함부로 움직이면 실패한다.

【해설】 뜻을 이루지 못하지만 부지런히 노력하면 하늘과 사람
이 감동하니 좋은 결과가 있을 것이다.

312

어 약 용 문
【괘상】 魚躍龍門　고기가 용문에 오르니

비 혼 득 귀
非婚得貴　혼인이 아니면 귀한 신분이 된다.

화 월 춘 산
花月春山　꽃 피는 달 봄동산에

만 자 천 홍
萬紫千紅　온갖 꽃이 붉게 피었다.

【해설】 직업이 없던 사람도 좋은 직장에 취직된다. 처녀·총각
들은 좋은 배필을 만나 결혼하게 되는 운이다.

313

무 단 풍 우
【괘상】 無端風雨　갑작스러운 비바람에

백 초 휘 황
百草揮荒　모든 풀이 이리저리 쓰러진다.

타 인 기 아
他人欺我　남이 나를 속이려 하나

수 분 즉 길
守分則吉　내게 욕심만 없으면 해를 안 당한다.

【해설】 매우 좋지 않은 운이다. 그러나 욕심을 버리고 냉정을 되찾아 정정당당한 일만 행하고 성실하게 살아가면 화는 면할 수 있다.

321

동 상 고 사
【괘상】 **冬桑枯死**　겨울 뽕나무가 말라 죽었으니

잠 업 하 성
蠶業何成　내년 누에 농사를 어찌 바라랴.

지 단 모 천
智短謀淺　지혜가 짧고 꾀가 얕으니

욕 교 반 졸
欲巧反拙　잘하려던 것이 도리어 잘못된다.

【해설】 사업하는 사람의 경우 극심한 자금난에 어려움이 많을 것 같다. 그러나 자신이 없는 일에 욕심만 내지 않는다면 액을 당하지 않는다.

322

【괘상】 暮春三月 (모춘삼월) 저무는 봄 삼월에

花落結實 (화락결실) 꽃이 지고 열매가 맺는다.

牛逢盛草 (우봉성초) 소가 무성한 풀을 만난 격이니

衣祿豊隆 (의록풍융) 의식과 돈이 풍족하다.

【해설】 금년에는 오랫동안 일이 성취되어 뭇 사람들의 부러움을 사게 될 것이다.

323

【괘상】 有弓無矢 (유궁무시) 화살이 없는 활만 가지고 있으니

來賊何防 (내적하방) 다가오는 적을 어떻게 물리치랴.

欲捉山兎 (욕착산토) 산토끼를 잡으려다가

失之家兎 (실지가토) 집토끼마저 잃는다.

【해설】 매사를 준비하여 장래에 닥칠 화를 미리 방비하고 곤란한 일을 당한다 해도 안심하고 지나면 차차 복이 돌아

온다.

331

【괘상】 冲中有合 흩어지는 가운데 모이니
충 중 유 합

凶變爲吉 나쁜 일이 좋게 바뀐다.
흉 변 위 길

今年之數 금년의 운수는
금 년 지 수

商業得利 장사·무역을 하면 이익이 많다.
상 업 득 리

【해설】 장사하면 이익을 많이 보고 도와주는 사람이 많으며 하는 일마다 자신의 뜻대로 이루어진다.

332

【괘상】 年運不幸 금년의 운수가 불행하여
연 운 불 행

百事無味 백 가지 일에 아무런 취미가 없다.
백 사 무 미

凶極生吉 흉한 일이 극단에 이르면
흉 극 생 길

初困後泰 처음은 곤란하나 나중에는 좋아진다.
초 곤 후 태

【해설】 만금이 있은들 무엇을 하고 북망산에 띳집이 가련하다.
성심으로 불전에 기도하면 길할 것이다.

333

【괘상】 射虎南山 남산에서 범을 쏘았더니

連貫五中 다섯 개의 화살이 연속 명중되었다.

待時而動 적당한 때를 기다려 활동하면

成功無疑 성공은 의심이 없다.

【해설】 무슨 일을 하든지 마음먹은 대로 되고 능히 큰일을 이
루게 될 것이니 기회를 잘 보아 행동해야 할 것이다.

341

【괘상】 內外不和 집에서나 밖에서나 불화가 있으니

同床異夢 같은 처지지만 생각은 다르다.

身被凶服 몸에 달갑지 않은 상복을 입을 것이요,

不然身病 그렇지 않으면 몸이 불편하다.

【해설】 일이 잘 풀리지 않아 마음이 항상 불쾌하다.

342

【괘상】 猛虎出林 사나운 범이 숲 밖으로 나오니

到處有權 가는 곳마다 권세가 있다.

年少靑春 나이 어린 시절에

足踏紅塵 벌써 과거에 급제하였다.

【해설】 영화와 명예가 널리 알려지고 복록이 많다.

343

【괘상】 雪上加霜 설상가상 격이라

顚地傷背 엎어져도 등을 다친다.

驅馳四方 사방으로 분주히 돌아다니니

山程水程 산도 넘고 물도 건너게 된다.

【해설】 엎친 데 덮친 격으로 고난에 처했는데도 또 다른 어려

움이 생긴다.

351

【괘상】

사 다 의 혹
事多疑惑   일에 의혹됨이 많으리니

찰 지 이 행
察之而行   잘 살펴보고 착수하라.

가 유 길 경
家有吉慶   가정에 좋은 일도 있으니

이 재 전 토
利在田土   다름 아닌 토지를 얻는 것이다.

【해설】 이리저리 재난을 당하니 한 곳도 배반하기 어렵다. 의식은 넉넉하나 무색함은 어찌하겠는가. 마음을 단단히 다잡아야 한다.

352

【괘상】

음 양 배 합
陰陽配合   음양이 짝을 만났으니

만 물 화 생
萬物化生   만물이 화하여 생겨난다.

약 비 관 영
若非官榮   만일 벼슬의 영화가 아니면

횡 재 지 수
橫財之數   대신 횡재를 하는 운이다.

【해설】 남자는 벼슬할 운이며, 여자는 생남하고 만사가 평탄하
니 모든 일이 잘되어서 마음이 화평하다.

353

【괘상】 心無定處 마음을 결정짓지 못하니

不知所向 어떻게 할 바를 몰라 쩔쩔맨다.

鵲巢庭樹 까치가 뜰 앞 나무에 앉아 짖어대니

喜報必至 반가운 소식이 반드시 이른다.

【해설】 누군가에게 조그마한 힘이라도 얻어 환경과 능력에 맞
는 일을 한다. 무리하게 큰일을 진행시키면 그 결과는
매우 나쁘다.

361

【괘상】 狡兎已死 간사한 토끼가 죽었으니

走狗何烹 달리는 개를 어떤 식으로 삶겠는가.

人心難測 인심이 알기 어려우니

誰何信之   그 누구를 믿겠는가.

【해설】 타인의 해가 내게 돌아오니 아무쪼록 조심하고 부지런히 노력해야만 복이 돌아올 것이다.

362

【괘상】 萬里長江   만리나 되는 강물을

順風加帆   순풍에 돛을 달고 간다.

天地德合   하늘과 땅의 공덕이 합쳐지니

萬物皆盛   만물이 다 번성한다.

【해설】 몸이 귀하게 되고 횡재하며 마음이 태평하니 다른 사람들이 우러러본다.

363

【괘상】 名利具吉   명예와 재물에 다 유리하니

名振四方   두 가지 이름을 사방에 떨친다.

호 방 안 탑
虎榜雁塔　무과에 급제해서

혹 명 혹 자
或名或字　이름이 사방에 나붙는다.

【해설】 벼슬자리에 오르니 전후 좌우가 다 귀인이라. 몸이 높이 되고 이름을 널리 떨친다.

411

【괘상】 소 모 불 성
所謀不成　계획한 일은 이루지 못하리니

막 행 분 외
莫行分外　분수 밖의 일을 행하지 마라.

만 리 장 정
萬里長程　만리나 되는 먼 길을 가는데

거 거 태 산
去去泰山　가면 갈수록 태산을 만난다.

【해설】 재물이 따라도 내 것이 아니다. 남의 일을 잘 보아주어도 공덕은 없고 도리어 구설만 생길 것이니 조심해야 한다.

412

【괘상】 至誠感天   정성이 지극하면 하늘이 감동하리니
_{지성감천}

所願必成   그대의 소원은 반드시 이룬다.
_{소원필성}

運數大吉   운수가 대길하니
_{운수대길}

始見成功   이제야 성공하리라.
_{시견성공}

【해설】 재물이 많이 생기고 태평히 지내며 소원도 반드시 성취된다.

413

【괘상】 小人得財   보통 사람은 재물이 생기고
_{소인득재}

君子得位   실력이 있는 이는 벼슬을 얻는다.
_{군자득위}

渴龍得水   목마른 용이 물을 얻었으니
_{갈용득수}

濟濟蒼生   조화를 부려 창생을 구제한다.
_{제제창생}

【해설】 공명하여 권세를 얻을 수 있다. 경사도 있으니 형세가 늘어 부자가 된다.

421

【괘상】 勞而無功 노력해도 공이 없으니
(노 이 무 공)

虛送歲月 세월만 헛되이 보낸다.
(허 송 세 월)

岩上走馬 바위 위에 말을 달리니
(암 상 주 마)

山路險難 산길이 험난하다.
(산 로 험 난)

【해설】 곤란함이 많다. 아무리 노력해도 공이 없으니 공연히 한탄하면 무엇하리오. 재수가 없으며 마음이 심란하다.

422

【괘상】 吉事隨魔 좋은 일에 마가 따르니
(길 사 수 마)

有志未就 뜻은 있으나 이루지 못한다.
(유 지 미 취)

智短身弱 지혜가 짧고 몸이 약하니
(지 단 신 약)

大事難成 큰일은 이루기 어렵다.
(대 사 난 성)

【해설】 친하게 지내는 사람일지라도 해로운 영향을 끼치게 된다. 처음은 흉하고 늦게는 편안하다.

423

【괘상】 花笑圓中 (화소원중) 동산에 꽃이 피었으니

蜂蝶來戲 (봉접래희) 벌과 나비가 찾아와 춤을 춘다.

二人同心 (이인동심) 두 사람이 마음을 같이하면

每事易就 (매사이취) 무슨 일이나 쉽게 이룬다.

【해설】 경사스러운 일이 생기며 새롭고 희망에 찬 발걸음을 내딛게 될 것이다. 직장을 바꾸어도 좋다.

431

【괘상】 天崩地陷 (천붕지함) 하늘이 무너지고 땅이 꺼지니

事事到懸 (사사도현) 일마다 거꾸로 되어간다.

莫貪虛慾 (막탐허욕) 허욕을 탐하지 마라.

反有大失 (반유대실) 도리어 큰 것을 잃는다.

【해설】 부모상을 당하고 내환이 있으며 시비할 일도 있으니 참는 것이 덕이 되고 태평하다.

432

【괘상】 沼魚出海 (소어출해) 좁은 물 속에서 놀던 고기가 바다로 나가니

揚意氣揚 (의기양양) 의기가 양양하다.

一身榮貴 (일신영귀) 일신이 영귀하거나

財物豊足 (재물풍족) 재물이 풍족할 것이다.

【해설】 용마(龍馬)가 시세를 얻어 마음대로 활동하는 격이지만 관재를 조심하라. 그러나 반드시 성공할 것이다.

433

【괘상】 陰地生陽 (음지생양) 음지에 햇볕이 드니

晩得財利 (만득재리) 늦게 재물을 얻을 것이다.

伏於橋下 (복어교하) 다리 밑에 엎드려 숨어서

陰事誰知 (음사수지) 모르게 하는 일을 누가 알랴.

【해설】 다행히 도와주는 사람이 있어 갈 길을 찾아가고 하는 일이 다 이루어진다.

441

【괘상】 青鳥報喜 （청조보희） 파랑새가 기쁜 소식을 전하니

慶事入門 （경사입문） 경사가 문 안에 들어온다.

郡雉陳飛 （군치진비） 뭇꿩이 떼지어 나니

胡鷹放益 （호응방익） 큰 매가 날개를 편다.

【해설】 가정 안의 식구나 자신에게 혼인이나 자녀의 경사가 있다. 금년에는 분수에 맞지 않는 일은 바라지 말고 매사에 주의하라.

442

【괘상】 茫茫大海 （망망대해） 아득히 넓은 바다 가운데서

遇風孤棹 （우풍고도） 작은 배가 태풍을 만났다.

莫嘆此數 （막탄차수） 이러한 운수를 탄식하지 마라.

厄盡生道 （액진생도） 액이 다하면 살 방도가 있다.

【해설】 혈혈 단신 의탁할 곳이 없다. 그러나 멀리 타향에 가면

자연히 도와줄 사람이 있다.

443

【괘상】 六月炎天 　유월의 뜨거운 날씨에

閒臥高亭 　한가롭게 높은 정자에 누웠다.

逢時開花 　때를 만나 꽃이 피었으니

功成振名 　공을 이루고 이름을 떨친다.

【해설】 몸이 한가하니 높은 집에서 잘 놀며 때를 만나면 은인의 도움을 받아서 안락하게 지낼 것이다.

451

【괘상】 靑山歸客 　청산에 돌아가는 나그네가

日暮忙步 　날이 저물어 걸음이 바쁘다.

收拾行裝 　행장을 수습하여

早歸鄕里 　일찍 마을로 돌아온다.

【해설】 날이 저무니 모든 일이 바쁘다. 괴로운 몸이 은인을 만
나 즐겁게 고향에 돌아오며 기뻐한다.

452

【괘상】
桃李爭春 복숭아·오얏나무가 봄을 다투어 피었으니

到處春風 도처에 기쁨이로다.

盜賊愼之 도둑을 조심하라.

失物可畏 귀중품을 잃을까 두렵다.

【해설】 어진 사람을 만나 도움을 받을 것이요, 귀인을 만나 성
공하니 가는 곳마다 좋은 사람만 만난다.

453

【괘상】
守分安居 분수를 지키고 가만히 있으라.

必逢因緣 반드시 좋은 인연을 만나리라.

望月玉兎 달을 바라보는 옥토끼가

淸光滿腹 맑은 빛이 배에 가득하다.

【해설】 임신을 하면 귀공자를 낳고 질병 없이 잘 자라고 태평
히 지낼 것이다.

461

【괘상】 避險出谷　험한 곳을 피해 골짜기에서 나왔더니

仇者懷劍　원수가 칼을 품고 기다린다.

莫爲急圖　급히 서둘지 마라.

晚則爲吉　침착하고 천천히 행하면 좋으리라.

【해설】 어떤 좋지 않은 일이 생길 경우 다음에는 더욱 조심해
야 난을 피할 수 있다. 다가오는 액운은 사람의 힘으로
는 어쩔 수 없는 일이지만 모든 일에 주의해야 한다.

462

【괘상】 萬里無雲　만리에 구름이 없으니

海天一碧　바다도 푸르고 하늘도 푸르다.

一身安閒　일신이 한가로우니

낙 재 기 중
樂在其中 즐거움이 그 가운데 있다.

【해설】 요행도 없으며 불행도 없다. 덕을 쌓고 정당한 일을 하면 재앙은 오지 않는다.

463

옥 토 동 승
【괘상】 玉兎東升 밝은 달이 동쪽에 떠오르니

청 광 가 흡
清光可吸 맑은 빛을 마시게 된다.

길 운 이 회
吉運已回 좋은 운을 맞이하였으니

하 사 불 성
何事不成 무슨 일인들 이루지 못하랴.

【해설】 임신을 하면 귀공자를 낳고 가족이 화락하며 대통하여 재물을 많이 얻을 것이다.

511

흉 화 위 복
【괘상】 凶禍爲福 나쁜 일이 복으로 변하니

종 견 형 통
終見亨通 나중에는 좋은 일이 생기리라.

梧竹相爭　오동나무냐 대나무냐
（오죽상쟁）

身入麻田　삼베옷을 입게 된다.
（신입마전）

【해설】　흉한 가운데 길함이 있으니 안심하고 부지런히 하면 복
이 돌아올 것이다.

512

【괘상】　暗夜行路　어두운 밤에 길을 걸으니
（암야행로）

不辨東西　동서를 알지 못한다.
（불변동서）

諸事讓步　모든 일에 양보해도
（제사양보）

小財可得　적은 재물은 내게로 돌아온다.
（소재가득）

【해설】　상대하는 자가 다 강하니 어찌 이기기를 바랄 것인가,
바쁘게 돌아다녀도 유익한 것이 없다.

513

【괘상】　手弄千金　손에는 천금을 쥐게 되고
（수롱천금）

명 진 사 방
名振四方　이름은 사방에 떨친다.

연 운 봉 길
年運逢吉　매우 좋은 운을 만났으니

경 사 일 지
慶事日至　경사스러운 일이 자주 생긴다.

【해설】 형편이 나아져서 좋은 집으로 이사하여 오래 살고 자연히 복을 누린다. 그리고 멀리로 여행하면 좋다.

521

패 군 지 장
【괘상】 敗軍之將　싸움에서 패한 장수가

무 면 도 강
無面渡江　돌아갈 면목이 없다.

우 중 생 희
憂中生喜　근심 가운데 기쁨이 있으니

첨 구 지 수
添口之數　식구가 느는 일이다.

【해설】 도둑을 조심하라. 노력을 아끼지 않으나 운이 따르지 않으니 어찌하랴.

522

【괘상】 經營之事 (경영지사)   경영하는 일은

百發百中 (백발백중)   일마다 계획대로 성공한다.

缺月復滿 (결월복만)   이지러진 달이 다시 둥그니

厄消福來 (액소복래)   액이 없어지고 복이 온다.

【해설】 우연히 벼슬하여 복록이 많고 모든 재앙이 구름 흩어지듯 사라지고 안락하게 지내게 된다.

523

【괘상】 兩虎相爭 (양호상쟁)   두 호랑이가 서로 싸우니

望者失色 (망자실색)   곁에서 보기도 까무러칠 지경이다.

勿爲爭鬪 (물위쟁투)   남과 다투지 마라.

彼我俱傷 (피아구상)   상대방과 나 모두 상한다.

【해설】 남과 다투지 마라. 어느덧 세월이 다 가고 늦게 손대는 일이 바쁘기만 하고 이익은 적다.

531

【괘상】 龍生頭角 _{용생두각} 용 머리에 뿔이 돋으니

然後登天 _{연후등천} 비로소 하늘에 오른다.

平人致富 _{평인치부} 보통 사람은 부자되는 운이요,

士者得官 _{사자득관} 공부한 선비는 벼슬을 얻는다.

【해설】 벼슬하여 복록을 얻고 만사 태평하며 살림이 점점 피고 모든 일이 잘되어 성공할 운수이다.

532

【괘상】 見而不食 _{견이불식} 보고도 먹지 못하는 음식이니

畵中之餠 _{화중지병} 그림 속에 그려진 떡이다.

身數不凶 _{신수불흉} 몸은 탈이 생기지 않으리니

守分安泰 _{수분안태} 분수만 지키면 편안하다.

【해설】 모든 일이 뜻대로 되지 아니하고 마음은 괴롭고 분주하여도 소득은 적다.

533

【괘상】
苦盡甘來 (고진감래)　쓴 것이 다하면 단 것이 오는 법이니

晩時生光 (만시생광)　운이 늦게 트일 것이다.

雙手提弓 (쌍수제궁)　두 손으로 활을 당기니

射而不中 (사이부중)　쏘아도 맞지 아니한다.

【해설】　처음에는 운이 막혀 모든 일이 잘 풀리지 않으나 늦게 행운이 찾아온다.

541

【괘상】
三十六計 (삼십육계)　모든 계책 가운데

走行第一 (주행제일)　피하여 달아나는 게 제일 좋은 방법이다.

勿爲强求 (물위강구)　억지로 구하려 하지 마라.

事有定理 (사유정리)　일에는 정해진 이치가 있다.

【해설】　되는 대로 행하라. 그러나 모든 일을 조심하여 행하면 복이 돌아오며 뒤늦게 좋은 운을 만났으니 만사가 태평

하여 돌아다니며 노는 괘다.

542

【괘상】 一把刀刃 한 손에 칼날을 쥐고

害人何事 남을 해치려 하니 웬일일까.

守舊無害 옛 것을 그대로 지켜 나가면 해가 없으나

改則失敗 개역하면 실패한다.

【해설】 다른 사람을 해코지 마라. 천지가 넓다 한들 어디로 도망할꼬. 마음이 항상 두렵고 분주하다.

543

【괘상】 雖得財物 비록 재물은 얻지만

人心失之 인심을 잃는다.

施恩布德 은예를 베풀다.

萬年之計 이것이 앞으로 잘되는 방법이다.

【해설】 운이 좋지 않다. 누군가에게 은혜를 베풀어도 덕이 되
어 좋은 열매를 맺는다.

551

【괘상】 所營之事   경영하는 일은
소 영 지 사

遲遲不進   지지부진 발전이 없다.
지 지 부 진

今年之運   금년 운수는
금 년 지 운

所望難就   평소의 소원을 이루기 어렵다.
소 망 난 취

【해설】 자손에게 불길함이 있어 되는 일은 없고 마음이 불안하
니 절간에 가서 도나 닦는 괘.

552

【괘상】 垂釣滄波   맑은 물에 낚시를 던지니
수 조 창 파

終得巨鱗   마침내 큰 잉어를 잡았다.
종 득 거 린

家有吉慶   집에 좋은 경사가 있으니
가 유 길 경

賀客雲至   축하객들이 많이 찾아온다.
하 객 운 지

【해설】 일신이 편안하고 안락하니 찾아오는 사람이 많아서 재미있게 놀고 근심이 없다.

553

【괘상】 男兒得志   남자가 뜻을 얻으니
（남아득지）

到處春風   가는 곳마다 기쁜 일을 만난다.
（도처춘풍）

夫婦和合   부부가 화목하고
（부부화합）

子孫昌盛   자손의 일도 뜻대로 되어간다.
（자손창성）

【해설】 부부가 화합하고 자손이 창성하며 일신이 귀히 되니 사람들이 우러러본다.

561

【괘상】 風起西北   바람이 서북에서 일어나니
（풍기서북）

帽落何處   모자는 어디에 떨어질꼬.
（모락하처）

事多心違   일마다 마음을 어기니
（사다심위）

餘恨送年   한을 남긴 채 한 해를 보낸다.
（여한송년）

【해설】 모든 일이 뜻과 같지 못하니 고향에 돌아가서 분수나
지키며 편안히 있는 것이 상책이다.

562

【괘상】
모 계 필 중
謀計必中　　계획은 반드시 적중하리니

대 업 성 취
大業成就　　큰 사업도 성취시킨다.

금 년 지 운
今年之運　　금년의 운수는

명 리 쌍 전
名利雙全　　명예와 이익을 모두 얻는다.

【해설】 좋은 터에 자리를 잡으니 찾아오는 사람이 많고 재물과
오곡이 풍족하다.

563

【괘상】
비 조 상 익
飛鳥傷翼　　나는 새가 날개를 상했으니

욕 비 불 능
欲飛不能　　날고자 해도 날지 못한다.

심 입 청 산
深入靑山　　청산에 깊숙이 들어가

선 건 모 옥
先建茅屋　　먼저 띳집을 짓는다.

【해설】 질병과 횡액을 조심하고 사업을 하지 말 것이며 구설수를 조심하고 집에 머물러 있으면 좋다.

611

【괘상】

평지풍파
平地風波　평지풍파가 일어났으나

속수무책
束手無策　어떻게 손을 써볼 도리가 없다.

범사신지
凡事愼之　조심하고 성실하게 살아가라.

천필조아
天必助我　하늘이 반드시 도울 것이다.

【해설】 뜻밖에 풍파가 일어 도망하려고 하지만 모든 것이 꿈속의 일 같아 전혀 방법이 없다. 특히 주색을 조심하여야 한다.

612

【괘상】

식란청산
植蘭靑山　청산에 난초를 심었으니

갱무이의
更無移意　다른 곳으로 옮길 마음이 없다.

귀인상봉
貴人相逢　귀인과 만나는 운이라

必是佳緣 (필시가록) 필시 좋은 배필을 만난다.

【해설】 좋은 터에 자리를 잡으니 무척 행복하다. 운수가 대통하니 의식주가 매우 풍족하다.

613

【괘상】 若有緣人 (약유연인) 본래부터 시험에 운이 있던 사람이라면

丹桂可折 (단계가절) 금년에 합격의 영예를 얻는다.

財數論之 (재수논지) 금년의 재수는

得而多用 (득이다용) 생기는 것도 많지만 많이 쓰게 된다.

【해설】 청춘 남녀는 애인이 생기고 사업·취직·승진에 유리하며 평소의 소원을 성취한다.

621

【괘상】 似成難成 (사성난성) 될 듯하면서도 안 되는 것은

事有瑕疵 (사유하자) 일에 결점이 있기 때문이다.

험 중 순 행
險中順行　험한 길에 순탄한 길이 나오고

인 허 득 실
因虛得實　허한 데서 실속을 얻는다.

【해설】 모든 일에 게을리하지 말고 타인의 물건을 탐하지도
마라.

622

적 설 불 소
【괘상】 **積雪不消**　쌓인 눈이 녹지 않았으니

불 견 청 초
不見靑草　파릇한 풀을 볼 수가 없다.

검 약 저 축
儉約貯蓄　평소 아껴 두었다가

급 시 유 용
急時有用　급할 때 쓰도록 하라.

【해설】 작은 화를 피하고 나니 큰 화가 다가온다. 즉, 작은 일
을 탐하다가 큰일을 잃는다.

623

용 득 명 주
【괘상】 **龍得明珠**　용이 밝은 구슬을 얻으니

可得功名 (가득공명) 공을 세우고 이름을 떨친다.

投入于秦 (투입우진) 진나라를 찾아가니

相印纏身 (상인전신) 정승이 되는 영광을 얻었다.

【해설】 높은 지위를 얻고자 여러 사람이 헛되이 고대한다. 그러나 변두리로 진출하면 부귀를 얻을 것이다.

631

【괘상】 **桂花開落** (계화개락) 계수나무 꽃이 피었다가 지니

更待明春 (갱대명춘) 다시 내년 봄을 기다려라.

晚逢吉運 (만봉길운) 늦게 좋은 운을 만나리니

謀事順成 (모사순성) 계획한 일이 순조롭게 이루어진다.

【해설】 여러 해 만에 형제를 만나보고 타향에 있는 가족의 소식도 듣고 좋은 때를 기다린다.

632

【괘상】 吾鼻三尺 　내 코가 석 자나 빠졌는데
오비삼척

何暇嘲人 　어느 겨를에 남의 흉을 보랴.
하가조인

大事難成 　큰일은 이루기 어려우니
대사난성

守分則安 　분수를 지키면 편안하다.
수분즉안

【해설】 내 몸이 괴로우니 그 영향이 다른 사람에게까지 미친다. 자기 힘은 생각하지 않고 함부로 움직이면 손해를 볼 것이다.

633

【괘상】 骨肉相爭 　부모 형제 자녀가 서로 다투니
골육상쟁

手足絶脈 　손과 발의 맥을 끊은 것 같다.
수족절맥

物各有主 　물건은 각각 주인이 있는 법이니
물각유주

非理勿貪 　이치가 아닌 것을 욕심내지 마라.
비리물탐

【해설】 일가와 다투고 친척간에 절교하니 오뉴월에는 부모에게

근심을 끼치고 재물도 손해를 보며 마음이 불안하다.

641

【괘상】 金入鍊爐 (금입연로)　금이 용광로에 들어가니

終成大器 (종성대기)　마침내는 큰 그릇이 이루어진다.

榮辱之間 (영욕지간)　영화와 어려움에 관계없이

不變其志 (불변기지)　품은 뜻은 변하지 않는다.

【해설】 대인 군자는 명망이 높아지고 소인은 아무런 이익도 없다. 아무튼 어려움을 겪은 뒤에 안락하게 된다.

642

【괘상】 勞而無功 (노이무공)　수고한 만큼 공은 돌아오지 않으나

大厄不侵 (대액불침)　큰 화는 당하지 않으리라.

捕兎于海 (포토우해)　바다에서 토끼를 잡고

求魚于山 (구어우산)　산에서 물고기를 잡으려 한다.

【해설】 분수에 넘치는 일은 절대 하지 마라. 공은 돌아오지 않고 오히려 그 해가 적지 않으리라.

643

【괘상】 困窮之中 (곤궁지중) 몹시 곤궁하던 차에

貴人有助 (귀인유조) 귀인의 도움을 받게 된다.

官商不問 (관상불문) 관직자·사업가를 불문하고

所望如意 (소망여의) 각각 바라는 바가 뜻대로 된다.

【해설】 쓴것이 다하면 단것이 오는 것과 같이 나쁜 운은 사라지고 좋은 운이 돌아온다.

651

【괘상】 籠中囚鳥 (농중수조) 새장 속에 갇혔던 새가

放出飛天 (방출비천) 풀려나 하늘을 난다.

先困後泰 (선곤후태) 먼저 곤하고 뒤에 태평하니

始得好運 (시득호운) 비로소 좋은 운을 만났다.

【해설】 곤궁하던 형편이 활짝 펴 세상 공명 다 버리고 산중에 들어가니 편히 지낸다.

652

【괘상】 雪裡梅花 눈 속에 핀 매화는
獨帶春光 홀로 봄빛을 띠었다.
或有危難 혹 위험과 어려움이 있어도
愼之無事 조심하면 무사하다.

【해설】 집안이 두루 화평하니 마음도 편안해지며 많은 재물이 생긴다.

653

【괘상】 月滿則虧 달이 둥글면 이지러지니
其理當然 그 이치는 당연하다.
莫嘆此運 이러한 운수를 탄식 마라.
苦盡甘來 고통이 다하면 또 좋은 때가 온다.

【해설】 좋은 시절이 다 지나가 모든 것이 헛수고로 돌아가므로 마음이 무척 불안하다. 이때 아무 생각 없이 함부로 덤벼들어 일을 저지르면 큰 해를 입는다.

661

【괘상】 九重丹桂 임금이 내리는 붉은 계수나무는

我先折揷 내가 먼저 받아 꽂았다.

喜中又喜 기쁜 가운데 또 기쁘니

生男之慶 생남하는 경사가 있다.

【해설】 관직에 오르고 귀공자를 낳으며 온 가족이 지극히 평안하고 안락한 운이다.

662

【괘상】 到處生喜 가는 곳마다 기쁨이 생기니

此外何望 또 무엇을 바라겠는가.

六里靑山 육 리나 되는 청산에 서니

안 전 별 계
眼前別界　　눈앞에 좋은 경치가 펼쳐져 있다.

【해설】　산에 들어가니 산수의 즐거움이 있고 도시에 나가니 그
런 대로 즐거움이 있고 거침이 없고 부록이 계속될 운
이다.

663

연 운 최 길
【괘상】　**年運最吉**　　연운이 매우 좋으니

회 사 일 지
喜事日至　　날마다 기쁜 일이 생긴다.

험 중 유 안
險中有安　　험한 곳에 있어도 안전하니

불 입 곤 액
不入困厄　　곤라한 지경에 빠지지 않는다.

【해설】　봄에 씨를 뿌리고 여름에 부지런히 가꾸니 가을에 추수
할 것이 많다. 즉, 의식이 풍족하여 안락한 생활을 할
운이다.

711

심 방 춘 일
【괘상】　**尋芳春日**　　좋은 경치를 찾아다니는 봄날에

却見花開　마침 꽃 핀 것을 보게 되었다.

順風加帆　순풍에 돛을 단 격이니

何患成功　어찌 성공을 근심하랴.

【해설】 미혼자라면 혼인하여 생남하며 곁에서 도움을 주는 사람이 많다. 모든 일이 순조롭게 잘 풀려 쉽게 성공할 운이다.

712

【괘상】 幸逢貴人　귀한 사람을 만나서

名振四方　이름을 사방에 떨칠 것이다.

銀麟萬點　은비늘은 만점을 갖추었으나

金角未成　금뿔은 아직 나오지 않았다.

【해설】 때를 기다리면 마침내 좋은 일이 돌아온다.

713

【괘상】

步步行進 (보보행진)　한 걸음 한 걸음 앞으로 나아가니

漸入佳境 (점입가경)　점점 좋은 경지로 들어간다.

龍蟠虎踞 (용반호거)　용이 서리고 범이 웅크리니

風雲際會 (풍운제회)　온갖 영웅 호걸들이 모인다.

【해설】 용과 범의 조화가 무궁하니 모든 일이 잘 풀리고 재수가 대통한다.

721

【괘상】

飢者得食 (기자득식)　배고픈 이는 먹을 것을 얻고

士人得官 (사인득관)　선비는 벼슬에 오른다.

陰陽和合 (음양화합)　음양이 화합하니

萬物化生 (만물화생)　만물이 발생한다.

【해설】 음양이 화합하니 귀공자를 낳을 것이며 재복(財福)이 많다.

722

【괘상】 日中不決　　하루 종일 결단을 못 내리니
（일중불결）

好事多魔　　좋은 일에 장애가 많다.
（호사다마）

家有憂患　　집안에 우환이 있고
（가유우환）

財亦不發　　재물 역시 생기지 않는다.
（재역불발）

【해설】 모든 일에 있어서 결말이 나지 않고 좋은 일에도 마가 끼게 된다. 좋게 끝맺는 일이 하나도 없으므로 신수가 매우 불길하다.

723

【괘상】 今年之運　　금년의 운수는
（금년지운）

辛苦重重　　고생이 거듭 이른다.
（신고중중）

一渡滄波　　한번 물결을 건넜으나
（일도창파）

後津何濟　　뒤의 나루는 어떻게 건널꼬.
（후진하제）

【해설】 한 차례 어려운 고비를 간신히 넘겼는데 또다시 어려운

일을 만나게 되는 상당히 불행한 운이다.

731

【괘상】

意外成功 (의외성공) 뜻밖에 성공하니

人人欽仰 (인인흠앙) 사람마다 부러운 듯 바라본다.

以羊易牛 (이양역우) 양을 주고 소로 바꾸니

得失分明 (득실분명) 이익인지 손해인지는 뻔하다.

【해설】 앞길이 활짝 열리고 하는 일마다 자신의 마음같이 척척 진행되어 부자가 된다. 그러므로 모든 일이 길(吉)한 운이다.

732

【괘상】

立身揚名 (입신양명) 성공해서 이름을 널리 알리고

手執權力 (수집권력) 손에 권력을 잡게 된다.

家和子昌 (가화자창) 가정이 화목하고 자손이 번창하니

福祿無窮 (복록무궁) 복록이 무궁하다.

【해설】 공을 세워 사방에 이름을 떨치며 부귀를 누리고 매우 안락한 운이다.

733

【괘상】 水滿淸江 (수만청강)　물이 맑은 강에 가득하니

魚遊深水 (어유심수)　고기가 깊은 물에서 활개친다.

魚變成龍 (어변성룡)　고기가 변하여 용이 되니

造化不測 (조화불측)　조화를 측량하지 못한다.

【해설】 오랫동안 공부하여 공명을 떨치고 덕을 쌓아서 부자가 된다.

741

【괘상】 六馬交馳 (육마교치)　여섯 마리의 말이 잘 어울려 달리니

男兒得意 (남아득의)　사나이가 뜻을 이루었다.

草綠江山 (초록강산)　풀이 푸르게 자란 강변 위에

牛逢盛草 (우봉성초)　소가 무성한 풀을 만난 상이다.

【해설】 입학·취직, 각종 시험을 보는 사람에게 합격의 영광이
있게 된다. 그리고 성공해서 재물을 모으고 사업 확장
을 꾀할 운이다.

742

【괘상】 春蘭秋菊 난초와 국화는
各有其時 각각 피는 때가 정해져 있다.
待時而動 때를 기다려 활동하면
成功無難 성공이 어렵지 않을 것이다.

【해설】 영화를 누리고 귀하게 됨에는 때가 정해져 있으니 그때
에 성공하기는 어렵지 않다. 그러므로 기회가 다가와
자신의 마음처럼 모든 일이 이루어질 것이다.

743

【괘상】 勤勉誠實 근면하고 성실히 살아가라
別無辛苦 그러면 큰 고난은 없을 것이다.

역 리 이 행
逆理而行　이치를 어기고 행동하면

하 면 실 패
何免失敗　어찌 실패를 면할쏜가

【해설】 자신의 분수를 깨닫고 작년에 하던 일을 꾸준히 지켜 나가야 된다. 그러면 예전의 형편을 유지하는 것에 큰 어려움을 당하지 않을 것이다.

751

초 수 곤 고
【괘상】 **初雖困苦**　처음에는 비록 곤고하나

만 시 생 광
晚時生光　늦게는 광명이 있으리라.

화 염 곤 륜
火炎崑崙　불이 곤륜산에 붙었으니

옥 석 구 분
玉石俱焚　옥도 타고 돌도 탄다.

【해설】 처음에는 생활이 어렵다가 늦게 형편이 조금 핀다. 그러나 자기 힘에 넘치는 일을 하면 이루기 어렵다.

752

【괘상】 天心月光 하늘 가장자리에 달이 밝으니
（천심월광）

正照萬里 만리까지 환히 비친다.
（정조만리）

年運大吉 금년 운수가 매우 좋으니
（연운대길）

所望成就 소원을 성취할 것이다.
（소망성취）

【해설】 운수가 대통하니 하는 일이 뜻하던 대로 이루어지며 귀
인을 만나 성공할 운이다.

753

【괘상】 春和日暖 화창하고 따뜻한 봄 날씨에
（춘화일난）

家有慶事 가정에는 경사가 있다.
（가유경사）

窮達在人 궁색을 면하는 건 사람에 달렸고
（궁달재인）

富貴在天 큰 부귀는 하늘에 달렸다.
（부귀재천）

【해설】 장사를 하면 재물을 얻을 것이며 귀공자를 얻어 가정이
화평할 것이다.

761

【괘상】 雖有善謀 (수유선모) 비록 좋은 계책이 있더라도

不中奈何 (부중내하) 일과 맞지 않으니 어찌하랴.

諸事謹愼 (제사근신) 모든 일에 조심하라

災厄可畏 (재액가외) 재액을 당할까 두렵다.

【해설】 모든 일은 조심해서 세밀히 다루지 않는다면 재앙을 피하기 어려울 것이다. 특히 운전에 주의해야 된다.

762

【괘상】 雨順風調 (우순풍조) 비바람이 잠잠하니

萬物繁殖 (만물번식) 만물이 잘 자란다.

隨時應物 (수시응물) 때를 따라 적절히 행동하니

到處有榮 (도처유영) 가는 곳마다 영화가 있다.

【해설】 일신이 편안하고 가는 곳마다 영화를 누리며 귀공자를 낳을 운이다.

763

【괘상】 飛龍在天 나는 용이 하늘에 있으니

利見大人 큰 인물을 만난다.

名利成就 명예와 재물을 얻으니

士庶皆吉 어떤 신분이건 길하다.

【해설】 높은 벼슬길에 올라 대관이 되어 왕을 섬기니 일신이 평안하고 안락을 즐길 것이다.

811

【괘상】 災消福來 재앙이 없어지고 복이 오니

前程無碍 앞길에 장애물이 없다.

若非功名 만약 벼슬을 못 하면

添口無疑 식구 하나가 늘 것이다.

【해설】 모든 재앙은 어느덧 다 없어지고 가정이 안락하며 복록이 돌아오니 만사가 마음먹은 대로 이루어진다.

812

【괘상】 入水不溺   물에 들어도 빠지지 않고
입수불익

入火不傷   불에 뛰어들어도 화상을 입지 않는다.
입화불상

財穀滿庫   돈과 곡식이 창고에 가득하니
재곡만고

生活太平   생활에 근심이 없다.
생활태평

【해설】 운수가 대통하여 재물을 마음대로 취하여도 시비하는
사람이 없고 태평하다.

813

【괘상】 到處有益   가는 곳마다 유익하니
도처유익

出入得財   드나들어 재물을 얻는다.
출입득재

年運雖吉   금년 운이 비록 좋다 하더라도
연운수길

妄動見敗   함부로 행동하면 실패한다.
망동견패

【해설】 가정이 편안하며 이사를 하든지 다른 곳으로 가면 더욱
좋다. 명예·권세·재물이 따른다.

821

【괘상】
욕 취 대 지
欲就大志　큰 뜻을 이루고자 한다면

물 실 차 운
勿失此運　금년 같은 운을 놓치지 마라.

금 관 옥 대
金冠玉帶　관복을 입고

추 배 봉 궐
趨拜鳳闕　임금을 만나러 대궐에 드나든다.

【해설】 좋은 기회를 얻어 활동하니 변화가 무쌍하다. 큰 공을
이루고, 재능이 세상에 알려짐으로써 이곳저곳에서 초
대받는다.

822

【괘상】
소 왕 대 래
小往大來　작은 것이 가고 큰 것이 오니

치 부 지 수
致富之數　부자가 될 운수이다.

삼 양 점 생
三陽漸生　따뜻한 양기가 점차 생겨나니

만 물 생 영
萬物生榮　만물이 영화로운 때가 왔다.

【해설】 운수 대통하여 귀공자를 낳으니 한 가정의 영화요, 부

자가 되니 재수가 대통할 운이다.

823

【괘상】 立志出家 (입지출가) 뜻을 품고 집을 나온 사람이

錦衣還鄉 (금의환향) 비단옷 입고 고향에 돌아간다.

莫犯强求 (막범강구) 억지로 구하려 하지 마라

順則自得 (순즉자득) 순리대로 행하면 자연히 얻게 된다.

【해설】 객지에 가서 고생하다가 출세하여 고향에 돌아오니 좋은 운이다. 이제야 삶의 즐거움을 맛보게 된다.

831

【괘상】 家有喜事 (가유희사) 가정에 좋은 일이 있으니

必是婚姻 (필시혼인) 반드시 혼인이 아니겠는가.

入山修道 (입산수도) 산에 들어가 수도하면

本性可見 (본성가견) 근본 이치를 깨달으리라.

【해설】 조용한 곳에 머무니 세상 돌아가는 일이 꿈 같고 만약
결혼을 한다면 부부가 화락하여 하는 일이 잘 풀릴 것
이다.

832

【괘상】
枯木逢春   마른나무가 봄을 만나니

終見開花   마침내 꽃 피는 것을 보았다.

往釣于淵   연못에 가서 낚시질을 했더니

金麟日至   금비늘 고기가 날로 걸린다.

【해설】 재수가 대통하여 뜻밖에 부귀와 공명을 얻으니 한 집안
에 화기로다. 모든 일이 대길하고 횡재할 운이다.

833

【괘상】
貴人相逢   귀인을 만나고

必是戀人   애인도 만나게 된다.

春風和暢   봄바람이 화창하니

四面花山 사방에 꽃뿐이다.

【해설】 귀인과 애인을 만나니 상당히 좋다. 때를 기다리고 있으면 일신이 편하게 될 운이다.

841

【괘상】 東奔西走 동서로 헤매지만

別無所得 소득이 별로 없다.

碌碌浮生 녹록한 부생이

不知安分 분수를 지킬 줄 모른다.

【해설】 재물은 많이 생기지만 나가는 데가 많으니 저축하기는 어렵다.

842

【괘상】 彩薪飮水 나무 하고 물 마시니

樂在其中 즐거움이 그 가운데 있다.

安靜守分 분수를 알아 지켜 나가면

別無憂事 근심될 일이 별로 없다.

【해설】 한가한 곳에서 농사를 짓고 사니 즐거움이 그 가운데 있다. 귀인을 만나서 도움을 받아 마음대로 모든 일이 이루어질 것이다.

843

【괘상】 龍登天門 용이 천문에 오르니

雲行雨施 마침내 비를 내리게 된다.

外虛內實 겉보다 실속이 알차고

到處生喜 가는 곳마다 기쁜 일이 생긴다.

【해설】 운수가 대통하니 뜻밖에 귀인을 만나 도움을 받고 때를 얻어 이름을 널리 떨칠 것이다.

851

【괘상】 知分則安 분수를 알면 편안하니
(지분칙안)

晩有小成 늦게 작은 일을 성취한다.
(만유소성)

夫妻反目 부부간에 눈을 돌리니
(부처반목)

家內不安 집안도 불안하다.
(가내불안)

【해설】 모든 일이 마음과 같이 되지 아니하니 공연히 한탄만 한다. 그러나 뒤늦게 기회가 올 것이니 그때 활동함이 좋다.

852

【괘상】 密雲不雨 구름만 짙고 비가 오지 않으니
(밀운불우)

喜信何日 기쁜 소식은 어느 날인고.
(희신하일)

寂寞天地 적막한 천지에
(적막천지)

無依無托 의지할 곳이 없다.
(무의무탁)

【해설】 지식이 많아도 남이 알아주지 아니하고 분주히 떠돌아

다닌다. 이익은 없고 괴롭기만 한 운이다.

853

【괘상】 莫爲冒險 　모험을 하지 마라.

安全第一 　안전한 것이 제일이다.

憂中有吉 　근심 속에도 기쁨이 있으니

良人芳緣 　이성과 좋은 인연을 맺는다.

【해설】 분수 넘치는 일을 하면 손해를 보고 가족도 불안하다. 그러나 미리 만반의 준비를 한다 해도 막기 어렵다.

861

【괘상】 莫嘆先困 　먼저 고생함을 탄식하지 마라.

後必有利 　뒤에는 반드시 유익하게 된다.

十年經營 　십 년이나 경영한 것을

眼前無成 　눈앞에 두고도 이루지 못한다.

【해설】 오랫동안 하던 일은 순간의 영화에 지나지 못하고 도리어 손해를 입으니 마음이 상한다. 오직 성실과 정직만이 이 불운을 막아내는 무기이다.

862

【괘상】 若不愼之
약 불 신 지
여러 가지를 조심하지 않으면

口舌紛紛
구 설 분 분
이곳저곳에서 구설수에 오른다.

今年之運
금 년 지 운
금년 중에는

一次有驚
일 차 유 경
한 차례 놀라는 일을 당하리라.

【해설】 한 사람의 불안으로 인하여 온 집안이 불안하다. 일이 해결되기 어려운 운이다.

863

【괘상】 東風淡蕩
동 풍 담 탕
동풍이 부드럽게 불어오니

春花富貴
춘 화 부 귀
봄꽃이 영화로움을 만났다.

名成利遂
명 성 리 수
이름을 떨치고 재물을 얻으니

賀客塡門 _{하 객 전 문} 축하객이 문을 메운다.

【해설】 신수가 대통하여 좋은 운을 만나니 부귀 공명하고 재수가 좋다. 관직·사업은 모두 성취하고 성공한다.

■ 2 오행배속표(五行配屬表)

토정비결 본문 내용 중에 금성(金姓)이니 화성(火姓)이니 하는 말들이 자주 나오는데 이는 각 성씨에 따른 오행(五行)을 일컫는 말이다. 그런데 금성, 화성, 목성 등은 어떤 성씨를 말하는지 아래의 오행배속표를 참고하지 않으면 알기가 어렵다. 그러므로 다음 표를 참고하기 바란다.

〔표-8〕 오행배속표

오행	성 씨
금성 (金姓)	서(徐), 성(成), 황(黃), 남(南), 류(柳), 한(韓), 신(申), 안(安), 곽(郭), 노(盧), 배(裵), 문(文), 양(梁), 방(方), 왕(王), 원(元), 두(杜), 하(河), 백(白), 양(楊), 경(慶), 장(張), 편(片), 장(蔣), 소(邵), 반(班), 음(陰), 진(晋)씨
목성 (木姓)	김(金), 박(朴), 조(趙), 최(崔), 유(兪), 홍(洪), 조(曹), 류(劉), 염(廉), 주(朱), 강(康), 고(高), 공(孔), 차(車), 육(陸), 차(車), 동(董), 주(周), 연(延), 추(秋), 우(虞), 간(簡), 화(火), 고(固), 정(鼎)씨
수성 (水姓)	마(馬), 여(呂), 오(吳), 우(禹), 허(許), 노(魯), 맹(孟), 복(卜), 변(卞), 상(尙), 어(魚), 경(庚), 모(牟), 모(毛), 여(余), 용(龍), 매(梅), 남궁(南宮), 천(千), 증(曾), 황보(皇甫), 선우(鮮于), 동방(東方), 기(奇), 소(蘇)씨
화성 (火姓)	이(李), 윤(尹), 정(鄭), 정(丁), 강(姜), 나(羅), 신(辛), 채(蔡), 전(全), 변(邊), 지(池), 석(石), 신(愼), 진(陳), 길(吉), 옥(玉), 설(薛), 탁(卓), 함(咸), 구(具), 당(唐), 선(宣), 단(段), 등(鄧), 진(秦)씨
토성 (土姓)	임(任), 임(林), 손(孫), 심(沈), 민(閔), 송(宋), 권(權), 엄(嚴), 피(皮), 구(丘), 도(都), 전(田), 봉(奉), 명(明), 감(甘), 현(玄), 목(睦), 동(童), 구(仇), 공(貢), 도(陶), 우(牛), 염(冉)씨

가
和
誠
言
睦
實
丙子年孟春
李相麒

編著者：**李 相 麒**

- 本籍：慶北 尙州, 本貫：慶州
- 1934年 慶北 體泉書堂에서 漢文修學
- 1956年 慶南 海印寺에서 耘虛스님과 佛經飜譯
- 1961年 慶北 金龍寺에서 漢文講義
- 1962年 大統領賞 「면려포장증」 表彰狀受賞
- 1981年 教育部 高等教育課程 審議委員會 審議委員
- 1982年 CBS 放送教育 諮問委員
- 1986年 日本朝日新聞 寄稿文 入選 「日本의 朝鮮植民地政策實相」
- 經濟企劃院 漢文·日語 講師
- 韓國輸出公團本部 日語 飜譯要員
- 景城高等學校 漢文·日語 教師
- 新亭女子商業高等學校 漢文·日語 教師
- 大成學院 漢文·日語 講師
- 서울通譯觀光學院 漢文·日語 講師
- 明知大學校 漢文·日語 講師
- 韓國商業銀行 研修教育 漢文·日語 講師
- 三星物産 三友設計 漢文·日語 講師
- 韓國電力 社員 研修教育 漢文·日語 講師
- 三養社 社員研修教育 漢文·日語 講師
- 서울 市立江西圖書館 主婦文化教室 講師
- 大韓天理教 文化센터 漢文·日語 講師
- 鍾路區 世宗路 主婦文化教室 講師
- 신세계 文化센터 교양 강좌 漢文·日語 講師
- 九老綜合社會福祉館 主婦 趣味教室 講師
- 江南 서예學院 서예講師
- 서울市立 勤勞福祉館 漢文 專任講師

신영 처세선서

카네기	인생론	데일 카네기
	출세론	도로시 카네기
	지도론	데일 카네기
	대화술	데일 카네기
	처세론	데일 카네기
	자서전	앤드류 카네기

카네기 인생론

삶에 대한 모든 물음, 그것은 각자 스스로 살아가면서 그때그때의 경험에 의해 체득해 갈 수밖에 없다. 삶에 대한 어떠한 설명도 각자의 지침이 되기에는 어렵기 때문이다. 이 책에서는 지침이 되기 보다는 단지 조금의 도움이 될 귀중한 방법들이 안내되어 있다.

카네기 출세론

삶에 충실한다는 것, 아내가 내조를 잘 한다는 것. 그것은 한 사람을 성공시키는 데 대단한 영향을 미친다. 이 세상에는 많은 아내들이 있지만 그들이 모두 올바른 태도를 지니고 있는 것만은 아니므로 그들이 나아가야 할 바를 제시하고 있다.

카네기 지도론

참다운 지도는 함께 나아가는 것이다. 무엇을 제시하거나 지시하기 전에 그가 무엇을 하고자 하는지 알아서 그것을 이끌어 주고 또 이루어지도록 함께 노력하는 것이다.

카네기, 그는 미국의 실업가이자 강철왕이다. 그는 1853년 스코틀랜드에서 출생해 1948년 산업혁명 때 미국으로 건너와 전신기사 및 펜실베니아 철도 감독을 거쳐 피츠버그에서 제철업을 경영하고 홈스테드에서 제광업을 시작한 것이 발전하여 1900년에는 철광산 외에 해탄로, 수송선, 철도 등도 지배하게 되었으며 베세머 제강법을 채용하여 강철업에 성공 미국 강철의 4분의 1을 지배하는 대회사로 성장했다. 그 뒤 막대한 재산으로 카네기 재단을 설립하여 도서관 건설, 과학 연구, 사회 사업 등에 출자, 사회에 큰 공헌을 했다.

카네기 대화술

언어란 의사소통 도구이다. 올바른 언어 선택은 의사소통을 보다 원활하게 한다. 훌륭한 대화는 원만한 인간관계의 척도이므로 자신감을 가지고 대화에 임하는 방법을 제시했다.

카네기 처세론

최고의 처세라는 것은 우선 최선의 목표를 정하고 그 성취에 이르는 길을 닦는 것이다. 거기에서 자기를 세우고 삶을 키워내고 세상을 이끌어 갈 힘을 닦는 것이다.

카네기 자서전

커다란 불꽃은 온누리를 비춘다. 그러나 멀리 있는 불빛보다 우리 앞을 비추고 있는 작은 불빛이 우리의 일상을 잘 비추는 법이다. 앤드류 카네기의 삶은 바로 우리의 일상을 비춰주는 커다란 불빛이다.

┌─────────┐
저자와
협약에
의하여
인지를
생략함
└─────────┘

고문진보 해설집

1997년　7월　10일 1판 1쇄 인쇄
1997년　7월　10일 1판 1쇄 발행
2012년 11월 20일 2판 1쇄 발행
2017년　1월 20일 3판 1쇄 발행

편　저 / 이상기
펴낸이 / 김영길
펴낸곳 / 도서출판 선영사
주소 / 서울시 마포구 서교동 485-14 도서출판 선영사
전화 / (02)338-8231~2
팩스 / (02)338-8233
E-mail　sunyoungsa@hanmail.net
등록 / 1983년 6월 29일 (제02-01-51호)

© Korea Sun—Young Publishing Co., 1991
잘못된 책은 바꾸어 드립니다.

ISBN 89—7558—196—0　03700
ISBN 978—89—7558—196—0　03700